サブスクリプション・マーケティング

モノが売れない時代の顧客との関わり方

SUBSCRIPTION MARKETING
Strategies for Nurturing Customers in a World of Churn

Anne H. Janzer
アン・H・ジャンザー
小巻靖子［訳］

Subscr

英治出版

サブスクリプション・マーケティング

SUBSCRIPTION MARKETING
Strategies for Nurturing Customers in a World of Churn
Second Edition
by
Anne H. Janzer

イントロダクション

私は、ここ数年、自分の購買行動が微妙に変化しているのに気づいた。「モノ」を以前ほど買わなくなったのだ。断捨離をしたわけではない。買わないのは、買う以外にも選択肢があるからだ。以前なら購入していたようなものを、今はサブスクリプションという形で利用することができる。

音楽をよく聴くが、以前のように何枚ものCDを買ったりはしない。DVDも買わずに、ネットフリックスかレッドボックス（米国のDVDレンタル大手）でレンタルする。ネットフリックスやアマゾンのストリーミング配信サービスを利用することもある。

私のオフィスの棚にソフトウェアの箱やマニュアルがぎっしり詰まっていたのは過去の話。ウェブサイト、メールのプラットフォーム、文書作成ソフト、マイクロソフトのOffice365など、ほぼすべてのものを私は定額料金で利用している。こうしたデジタルサービスを利用できるのは、ブロードバンドとスマートフォン（この2つも定額制で利用）のおかげである。また、以前からずっとサブスクリプション方式で契約してきたものもある。地元のＹＭＣＡのメンバーシップと『ニューヨーク・タイムズ』だ——何が言いたいのか、おわかりいただけたと思う。

日々の生活で私はさまざまな選択をしなければならないが、多くの場合、選択肢の一つにサブスクリプションがある。あなたの場合もたぶんそうだろう。

あなたは何種類のパスワードを使い分けているだろうか。ますます拡大するサブスクリプションの世界にどこまで入り込んでいるか、パスワードの数から見当がつく（賢明な人なら、パスワードの増加というありがたくない状況に対処するため、パスワードの管理をしてくれるサブスクリプションサービスを利用しているかもしれない）。

これには世代という要素も関わっている。成人した私の子どもたちは私よりはるかに多くのサービスを利用している。半調理食品、衣類、カミソリの刃。数え上げればきりがない。

私たちの社会は、サブスクライバーの社会になろうとしている。サブスクリプションは判断を下すときの煩わしさを和らげてくれる。所有や維持に伴う負担を軽減してくれる。自動的、あるいは定期的にサービスが提供され、便利である。また、サブスクリプションボックス（毎月一定の料金を支払うと、販売会社の選んだ品が届く定期購入サービス）なら、楽しさも味わえる。

私たちは「今すぐ購入する」ボタンではなく、「サインアップする」「登録する」ボタンをどんどん押すようになっている。

初版の出版後、何が変わったか

本書（原書）の初版が2015年1月に出版されたとき、私はよくいぶかしげな目を向けられた。サブスクリプション・マーケティングだって？　雑誌や新聞を売ろうっていうのか？

今ではそのようなことはほとんど起きない。**継続的な収益（リカーリング・レベニュー）**が得られるビジネスモデルを導入する企業、有料、無料のサブスクリプションサービスを提供し始める企業が、毎月多数現れている。サービスには次のようなものがある。

- ソフトウェアを利用し、使った分だけ支払うクラウドベースのサービス。
- 有料の会員制コミュニティや購入プログラム。
- モノ、あるいはデジタル商品の定期購入。
- 専門的、あるいは産業用サービス。たとえば、プリンターや化学薬品などのモノとサポートサービスをパッケージにした「管理サービス」。

こうした動きがどこまで広まっているか把握するために、ズオラ（Zuora）が発表したサブスクリプション・エコノミー・インデックス（SEI）を見てみよう。ズオラはサブスクリプション型ビジネスを支援するソフトウェアの開発会社で、サブスクリプション・エコノミーというコンセプトの支持者である。サブスクリプションの比重が大きい企業を顧客とするズオラは、現在のトレンドを知る絶好の立場にある。

拡大を続けるこの経済分野に、今、ほぼすべての業界が参入している。スタートアップ企業はサブスクリプション型ビジネスを立ち上げ、既存の大企業は参入の道を見出している。たとえば、ユニリーバは2016年にカミソリの刃の定期購入サービスを提供する企業を10億ドルで買収した。あなたの会社がサブスクリプション・エコノミーと無縁でも、競合他社はたぶん、取り組みを始めているだろう。

エコノミーといえばサブスクリプション・エコノミーを意味する時代がすぐにやってくるかもしれない。

ズオラのチーフ・データ・サイエンティストは、同社を利用する顧客のデータを集め、サブスクリプション・エコノミーの動向を示すサブスクリプション・エコノミー・インデックスを作った。2012年1月から2016年9月までのサブスクリプション・エコノミーの売上高は、Ｓ＆Ｐ５００企業の売上高の**９倍**、米国小売売上高の４倍の勢いで伸びた。サブスクリプション・エコノミーの成長は著しい。

サブスクリプションの売上高は、本書の初版が発行された２０１５年の初め以降、とくに大きな伸びを示している。本書で述べることは、２年前よりさらに多くの企業にとって意味のあるものとなるだろう。

チャーンの世界

サブスクリプションの売上高が増えると、一方で、成長を阻害する最大の要因である**チャーン（churn：解約、離脱）**も増えていく。チャーンとは、顧客が去っていくこと、継続的な収入が消えてしまうことである。

● SEI、S&P500、米国小売業の売上高成長率の比較（2012 年 1 月を 100 とする）

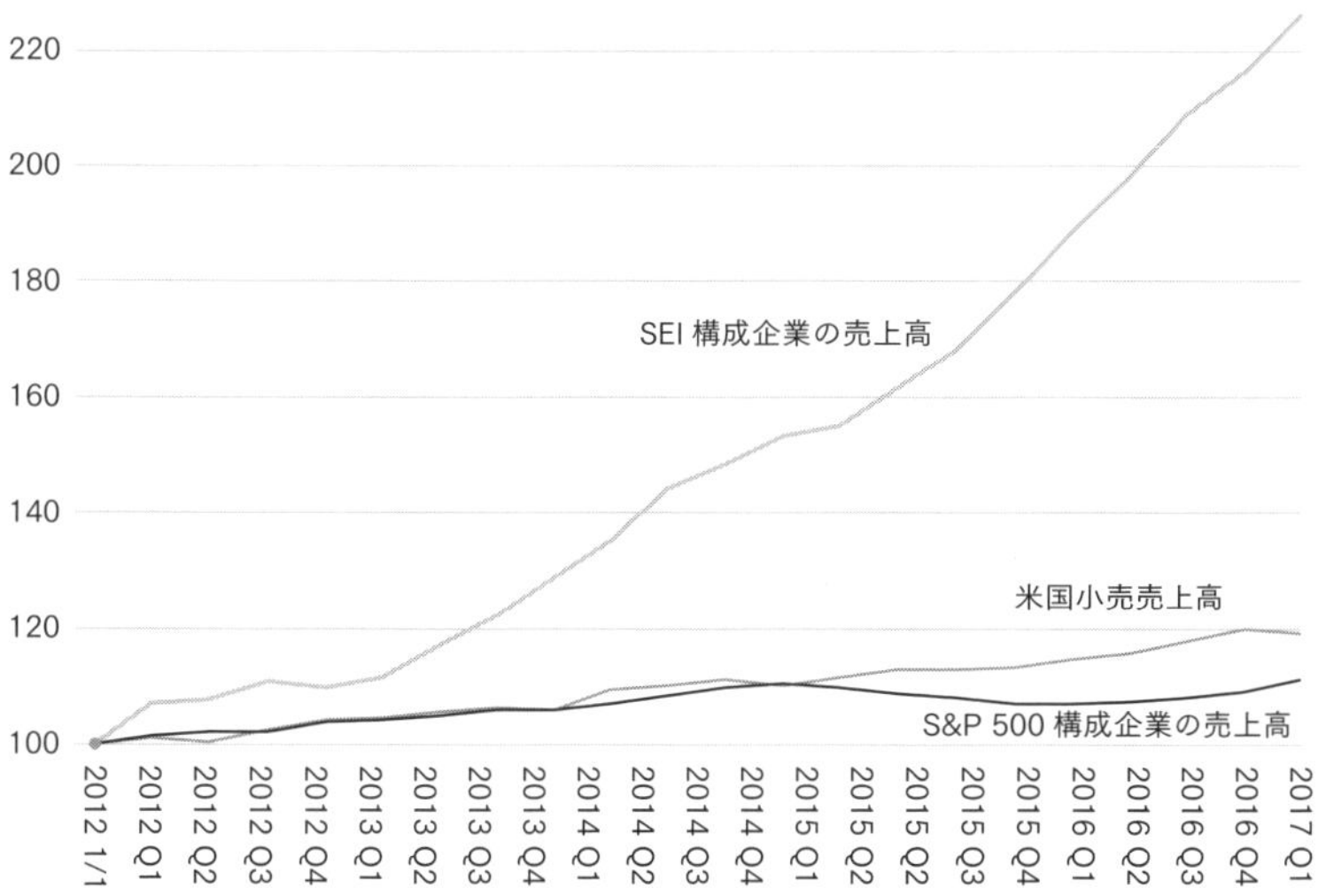

Zuora, Subscription Economy Index, 2017　www.zuora.com/resource/subscription-economy-index/

チャーンは成長の対極にある。

便利だ、楽しい、手頃だ。私たちはさまざまな理由でサブスクリプションサービスを利用する。だが、さまざまな理由で解約し、契約数を減らしたりもする。私たちは喜んで解約ボタンをクリックする。自分の生活をざっと振り返るだけで、チャーンがいかに大きな問題かわかるだろう。

おもしろそうなソフトの無料お試しを申し込んで、使うのをすっかり忘れていた。そんな経験はないだろうか（私にはある）。

オンラインコンテンツの登録をし、数カ月後、受信トレイにたまった膨大な数のメッセージに圧倒され、一気に解約したことはないだろうか。

サブスクリプションサービスへの支払いを抑えるために定期的な見直しをし、たとえば、携帯向けサービスの利用数やケーブルテレビの契約チャンネル数を減らす人もいるだろう。このような行動は企業にとって、顧客数は減らないものの、**レベニューチャーン**、つまり、収益の減少を意味している。

高価なサブスクリプションサービスを解約して、まったく別のサービスに切り替えたという人もいるだろう。たとえば、ケーブルテレビの契約を解約し、複数のストリーミング配信サービスの利用を申し込むのだ。

解約のハードルは低い。食品の配達サービスを定期利用していて、友人にもっといいのがあると言われたら、すぐにそちらに切り替えることができる。企業向けITの世界では、ソフトウェアのサブスクリプション契約を変更すると研修やデータの移行が必要になるかもしれないが、新しいアプリケーションインフラストラクチャーを構築するよりは手軽だ。

私たちはチャーンの世界に住むサブスクライバーである。

ズオラのサブスクリプション・エコノミー・インデックスからは、チャーンに関する厳しい現実もわかる。平均**チャーンレート**（解約率、離脱率）は企業向け（B2B）サービスが年率26%、消費者向け（B2C）サービスが年率35%だった。

この数字、高いとお感じだろうか。実際、高い数字である。あなたの会社が急成長している限り問題はない。

● 平均チャーンレート（年率）

B2B：	26%
B2C：	35%
テレコミュニケーション：	29%
SaaS：	25%
メディア：	36%

Zuora, Subscription Economy Index 2017　www.zuora.com/resource/subscription-economy-index/

だが、たとえチャーンレートがこれと似たような水準にあったとしても、打つ手はある。

これはマーケティングにとって何を意味するのか

私たちはチャーンの世界で生きている。しかし、高いチャーンレートを唯一の現実として受け入れる必要はない。

伝統的なビジネスモデルでは、マーケティングや営業の担当部署は**新しい**客が競合他社に流れることを心配した。ところが、サブスクリプション型モデルでは**既存**顧客を競合他社に奪われかねない。定期的に支払いをする顧客は、このまま顧客としてとどまるのか（更新）、他社へ移るのか（チャーン）、繰り返し判断を下している。あなたの会社が先行投資をしなければ、顧客は鞍替えしようという気になるかもしれない。

> サブスクリプション・エコノミーでは、売り上げばかりに目を向け、顧客を無視しているマーケターは務めを半分しか果たしていない。

サブスクリプションサービスを提供している企業では、どのマーケターも常にチャーンレート（あるいは、楽天家なら、その反対の**顧客維持率**）に注目しなければならない。

チャーンが多いということは、それだけチャンスがあるということだ。キャンペーンや**カスタマーサクセス**（顧客がかかえる問題を能動的に解決し、顧客を成功へと導くこと）を通じてこれを下げることができれば、長期にわたって売り上げと成長にプラスの影響がもたらされる。

チャーンはさまざまな問題の存在を示しているかもしれない。自分ではどうしようもない問題もある。だが、顧客の契約時の期待とその後の経験にズレが生じて解約されるというケースも多い。期待外れだったというわけだ。

サブスクリプションのチャーンレートを下げるには、次のような方法がある。

- 顧客の本当のニーズを理解し、対処する。
- 適切な客、つまり、あなたの会社が提供するソリューションから最大の価値を引き出すことのできる客を引き寄せる。
- 契約後も長期にわたってカスタマーエクスペリエンス（顧客経験価値。商品やサービスの購入過程、利用過程での経験を通して顧客が感じる価値）を高めていく。
- 顧客と長期的な関係を築いて顧客ロイヤリティを高め、信頼を得る。

伝統的なマーケティングの戦略・手法は、契約を1つとって見込み客を客に変えることに主眼をおいている。だが、サブスクリプション型ビジネスを手がける企業は、顧客との長期的関係を築いていくことに重点を移している。実際、サブスクライバーは見込み客であり、常に関わり、育てる必要がある。

本書では、**価値の育成（バリュー・ナーチャリング）**をマーケティング活動の基本的目標に加えることをマーケターに求めたい。客が最初に何かを買ってくれた時点から価値の育成は始まる。その目的は、顧客があなたの提供する商品、サービスから価値を最大限引き出せるよう支援することにある。

価値の育成は、企業の長期的利益にかなっている。価値を引き出した顧客は契約を更新するだろう。他社がその顧客を誘い込むにはたいへんな努力が必要である。また、顧客はより上位のプランに移行する、他のサービスも契約するなどして、売り上げを増加させてくれるかもしれない。ロイヤリティの高い顧客には口コミも期待できる。

だれが本書を読むべきか

私は本書の初版で、マーケティング担当者は何をすべきか、どのようなスキルが必要かを中心に述べた。その後、さまざまな人と話をするうちに次の点に気づいた。

組織内に境界線を引くと顧客の経験価値を損なう。

価値の育成について詳しくは後述するが、価値の育成はマーケティング部門の外で進むケースが多い。カスタマーサクセスチームには、顧客を獲得する、あるいは、新機能の採用や契約の更新を促すためのキャンペーンを立案、実施する仕事を任された人々がいる。彼らは契約後、効果的にマーケティングを進めていく。

サブスクリプションサービスを提供し、成功を収めている企業には次の特徴がある。

- マーケターは自分が所属する居心地のよい部署にこもるのではなく抜けだして、顧客の全体像を把握することに注力している。
- 他の部署の人々もマーケティングの手法を採用し、マーケティングメッセージを発信している。

この第2版では、伝統的なマーケティングとは異なる新しいマーケティングのための助言や戦略を提示したい。サブスクリプション型のビジネスにはどのようなものがあるのか、サブスクリプションへの移行が進む世界に適応するにはどのように組織を再編すべきか、注意すべきリスクや問題点は何か。こうした点についても論じたい。

ここで述べる戦略やコンセプトは次のような人々のためのものである。

- サブスクリプションベースで商品、サービスを提供している企業、あるいは提供を検討している企業のマーケター。
- サブスクリプションモデルに移行中の企業で役員を務め、それがマーケティング戦略や企業文化にとって何を意味しているかを理解したいと考えている人。
- 何千人、何万人という顧客に新機能の利用を促し、ロイヤリティを高めるための「ロータッチ（人の接触を最小限に抑えて販売するビジネスモデル）」な戦略、あるいは作業の自動化を求めているカスタマーサクセスチーム。
- 成熟したサブスクリプションビジネスを行う企業で、顧客を満足させ、解約を最小限に抑える方法を求めている役員。
- 「グロースハック（ユーザーの声やデータを分析して、商品の品質向上や企業の成長を図る一連の取り組み）」によって成功を収めようとしているスタートアップ。

本書ではさまざまな業界のＢ２Ｂ企業、Ｂ２Ｃ企業を実例としてとりあげる。サブスクリプションというコンテクストのなかでは、フォーチュン１００社と向こう意気の強いスタートアップには思った以上の共通点が見られるだろう。自社と顧客について考えるときは、競合他社の動きに注目するのではなく、もっと広い視野に立つことを勧めたい。

ＰＡＲＴ１「サブスクリプション・シフト」では、さまざまな業界でサブスクリプションへの移行が進むなか、どのような状況が生まれているのか、そうした変化がマーケティングにどんな影響を及ぼすのかを論じる。サブスクリプション型のビジネスにはどのようなものがあるかを見、伝統的なマーケティングのセールスファネル（多数の見込み客が成約までの間に絞り込まれていくようすをファネル（漏斗）に譬えたもの）という考え方には限界があることを示す。ここでは、顧客がより満足のいく経験をできる**価値の育成**とはどういうものかを明らかにしたい。

ＰＡＲＴ２「価値育成のための戦略」では、カスタマーサクセスを推し進める、価値を実証する、ソリューション以外のものにも価値を付加する、顧客と価値観を共有するなど、価値育成のためのさまざまな戦略を示す。価値育成の最初の段階、つまり、無料お試しで獲得したユーザーを契約者に変えるということについて、１章を割いて述べたい。ＰＡＲＴ２で述べる戦略はマーケティングの手法をベースにしたものだが、サブスクリプション型のビジネスでは、実際、だれもがマーケティングに関わっていることを忘れないでほしい。

PART3「戦略の実践」では、PART2で述べた戦略の実践法について述べる。価値育成の重要性について会社の人々に納得のいく説明をする、契約後マーケティングをさらに推進する、顧客を育てる方向にうまく進んでいくために組織面の調整を行うなど、話は多岐にわたる。サブスクリプション型ビジネスのマーケティングに伴うリスクや課題について論じた章もある。他社の轍を踏まないことが重要だ。

サブスクリプションモデルを新たに導入した企業は、本書を読んで進むべき道を考えてほしい。価値の育成をすでに始めている企業は、PART2で述べる戦略を参考にしてさらに取り組みを進めるとよい。常に改善の余地、挑戦の余地があるはずだ。

だれもがサブスクリプションのエキスパートになれる

本書を読み進めながら、周囲の世界を好奇心をもって眺めてほしい。あなたは毎日サブスクリプション型ビジネスのさまざまなマーケティング戦術を体験している。あなたにピッタリくるのはどの戦術だろう。それぞれの戦術からどんな印象を受けるだろう。何があなたを行動へと駆り立てるだろう。

私たちは皆、創造的で有能なマーケターになる力を備えている。重要なのは、従来の考え方、つまり、これまでのやり方や競合他社の動き、業界の動向にとらわれない広い視野をもつことだ。

サブスクリプション型ビジネスで長期的な成功を収めるには、価値の付加、実証、育成によって、顧客と継続的な関係を保つことが必要だ。どんな企業に目を向けても、きっと何か得るものがあるだろう。

あなたはサブスクリプション型ビジネスのマーケティングについて学ぶ上級クラスに入ったも同然である。周囲を見回せば、いくらでも学ぶことができるのだ。

サブスクリプション・マーケティング　目次

PART 2　価値育成のための戦略

（編集部注）

＊本書の原書、Anne H. Janzer, *Subscription Marketing: Strategies for Nurturing Customers in a World of Churn* は米国にて2015年1月に第1版が発行され、2017年3月に第2版が発行されました。本書は第2版の邦訳です。

＊読者の理解を助けるため、著者の許諾の下、本文中に適宜、原書にはない写真・図を掲載したほか、直近の状況を踏まえた情報の更新を行いました。

＊訳注は文中に〔　〕で記しています。

＊引用部について、邦訳書のあるものは訳文を引用しました。

PART 1 サブスクリプション・シフト

1 サブスクリプション・エコノミーの拡大

ビクトリア朝のイギリスでチャールズ・ディケンズは作品を分冊にして発表した。小説『ピクウィック・ペーパーズ』は、今でいうなら『ザ・ソプラノズ』（高い視聴率を得たアメリカのテレビドラマ。86話で完結した）のようなものだった。

サブスクリプションというビジネスモデルは、遅くとも雑誌か新聞が登場したころには存在していた。それが、ここへきて急速に広まっている。新技術のおかげでモノやサービスの利用、提供が簡単になり、このモデルを導入できる業界がどんどん増えているのだ。

ビジネスモデルが変化していることは、私たちの生活を見ればわかる。私たちはサブスクリプションボックスの申し込みをし、動画や音楽の配信サービスを利用し、ソフトウェアをパッケージで買う代わりにウェブベースのアプリケーションを使う。サブスクリプションモデルによってビジネス界も様変わりしている。企業ではソフトウェアやストレージ、電気通信、印刷、人材紹介、消耗品、工業薬品など、あらゆるモノやサービスの購入法の見直しが進んでいる。

サブスクリプションモデルへのシフトは収益だけの問題ではない。これは人間の行動に関する物語だといえる。

サブスクリプションが機能するのは、私たちがそれを求めているからである。

このサービスを利用する理由はさまざまだ。サブスクリプションは買うより手軽である。私たちは日々、数えきれないほどの判断を下さなければならないが、サブスクリプションは私たちの意思決定の負担を軽減してくれる。また、アイデンティティやコミュニティを求めて利用するケースもある。ロビー・ケルマン・バクスターが著書『シリコンバレー発会員制ビジネス起業術』（ダイレクト出版、２０１５年）で巧みに言い表しているように、「メンバーシップが認知、安定感、利便性、人々とのつながりをもたらす」のである。

カスタマイズというトレンドもこのモデルを後押ししている。自動化が進み、情報があふれる社会で、私たちは人に認められているという感覚を得たいと思っている。一人ひとりを理解するには、企業は顧客と長期的な関係を築かなければならない。それには、サブスクリプションサービスを利用してもらう必要がある。

サブスクリプション、あるいは会員制は、顧客と長期的関係を保つためのものである。進化する情報化社会で企業はサブスクリプションをめぐって激しい競争を繰り広げている。

サブスクリプションというビジネスモデルが私たちの行動を変えている。

私たちは、企業がサービスをカスタマイズして必要なときにすぐ届けてくれるのを、当然のことのように思い始めている。生活のある領域で利便性と満足感を得ると、他の領域にも同じことを期待するようになる。企業が差別化のために始めたことが、競争のための必要条件へと急速に変わろうとしている。最低限これを満たさなければ、21世紀の社会で顧客のニーズに応えることはできない。

サブスクリプションへのシフトは、企業はもちろん、人々の行動にも見られることから、ほぼすべての業界にその影響が及ぶだろう。

まさか、と思う人のために、拡大するサブスクリプション・エコノミーの影響力が実感できる業界の状況をざっと見てみよう。

テクノロジーはクラウドへ

サブスクリプションの広がりによって業界がどう変容し、どのような混乱が生じているかを確かめるために、ソフトウェア業界の最近の状況を見ることにしよう。

テクノロジー業界ではソフトウェアがサブスクリプションへのシフトを先導した。ソフトウェアをネット経由で提供するサービス（SaaS）を利用すれば、ソフトウェアをパッケージで購入する必要がなく、アプリを実行するためのハードウェアの所有も、アプリの管理やアップデートも不要だ。

セールスフォースは企業向けSaaS市場のパイオニアである。以前は高価なうえに複雑で導入がむずかしかった顧客関係管理（CRM）ソフトウェアを、大小すべての企業が利用できるものにした。セールスフォースの年間売り上げは現在80億ドルを超えている。

おわかりのように、リソースが必要なとき、企業、個人の大半は、即座に購入するのではなく、一定の料金を支払ってネット経由で利用する方を選ぶだろう。

テクノロジー業界ではあっという間に「クラウド」が広がった。アドバイザリー企業のガートナーは毎年、先進テクノロジーの「**ハイプ・サイクル**」（技術の成熟度・社会への適用度の推移を示す図）を発表し、さまざまな技術が登場して過度の期待を集め、幻滅期を経て、最終的には広く受け入れられるようになるまでの経過を追っている。

２００８年にクラウドコンピューティングは「過度の期待」の段階にあり、騒がれるばかりであまり実体がないものとして挙げられていた。ところが、２０１１年にはクラウドコンピューティングの「ハイプ・サイクル」が発表された。新技術がわずか3年で1つのカテゴリーとなったのだ。クラウドコンピューティングの勢いはまだ衰えていない。

クラウドコンピューティングは高い前評判を超え、ソフトウェア業界を一変させた。市場の主導権が移り、マーケットシェアが変わった。技術革新によって市場に混乱が生じたが、過去の例にも見られるように、既存の企業は去ってはいない。だが、市場に残るには進化することが必要だった。あるいは、クラウドベースのサービスを行う参入者と激しい競争をしなければならなかった。

既存の大手企業はクラウド型ソリューションを提供する、クラウドサービスの提供企業を買収する、ソフトウェアのパッケージ販売をＳａａＳに切り替える、などの方法で対応している。マイクロソフトは人気の高いオフィス製品を定額利用できるクラウドサービス（Office365）を開始し、ディベロッパー向けのクラウドプラットフォーム、アジュール（Azure）も提供している。

調査会社のＩＤＣによると、ソフトウェア会社の大半はソフトウェアのパッケージ販売ではなく、サブスクリプションベースの販売で売り上げを伸ばしている。ＩＤＣは「ソフトウェアライセンス、メンテナンス、サブスクリプションに関する世界市場予測２０１６～２０２０年」を発表、ソフトウェアのサブスクリプション売り上げが２０１７

年には1500億ドルに達すると見ている。

少なくともソフトウェア業界の進むべき道は明らかだ。増収をめざすなら、ソフトウェアに永続ライセンスをつけてパッケージで販売する従来の「直線型」販売モデルから、サブスクリプションモデルに転換しなければならないのである。

サブスクリプションと小売り

サブスクリプションと小売りについて深く学びたいと考えている人は、アマゾンを見ればよい。

アマゾンと聞くと、たいていの人は家に届けられるロゴマーク入りの箱を思い浮かべるだろう。私たちはアマゾンから形のあるモノを買う。

● ハイプ・サイクル

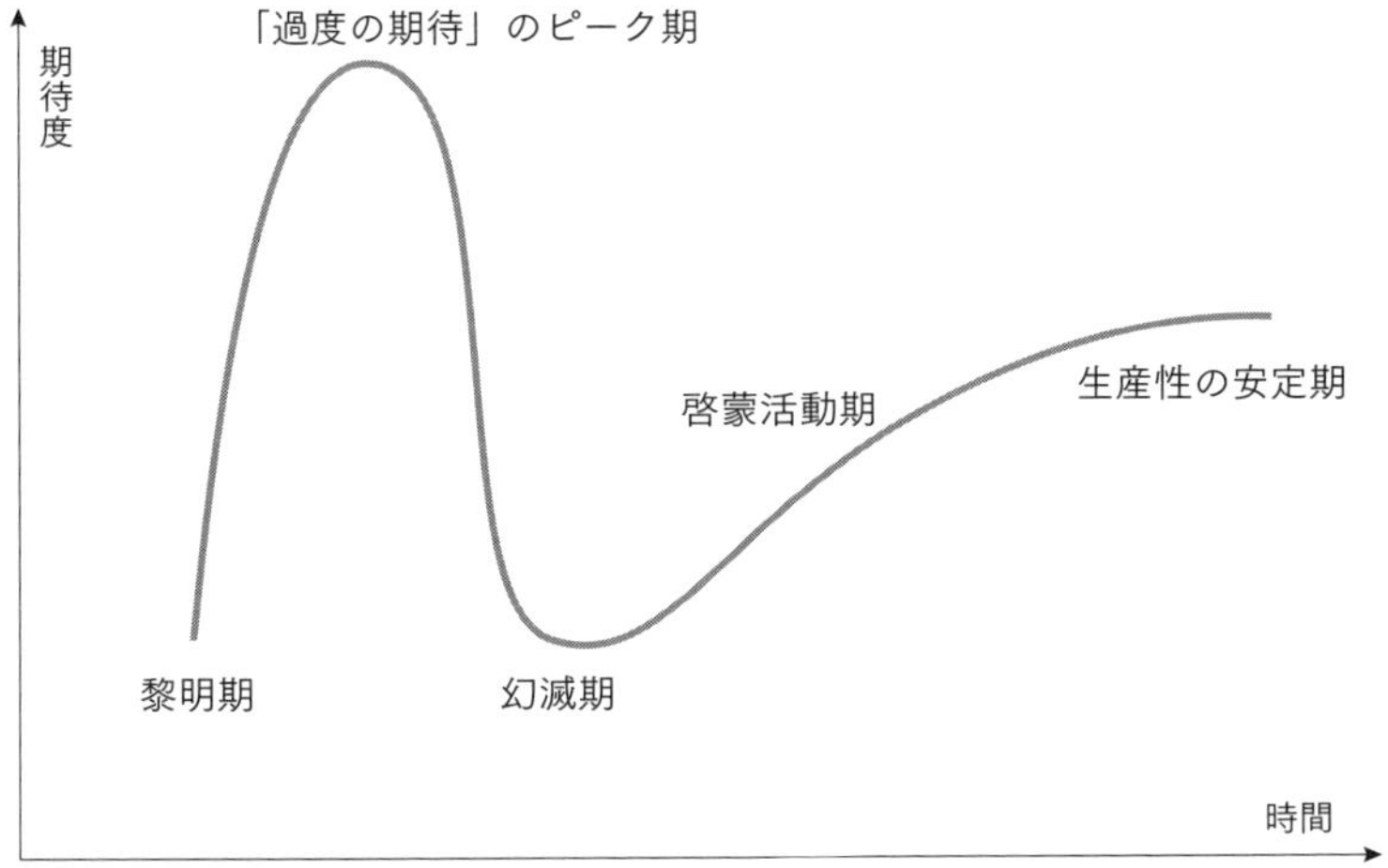

ガートナー社ウェブサイト　www.gartner.co.jp/research/methodologies/research_hype.php

アマゾンはアマゾン・プライムを立ち上げ、サブスクリプションモデルのパワーを活かして売上高を飛躍的に増加させた。

アマゾン・プライムは当初、配送料が無料になるサービスで、リピーターを獲得するためのものだった。プライム会員になるにはお金がかかる――現在は年額99ドル。配送料を無料にするために会費を払うわけだが、アマゾンはどのようにして会員をつなぎ止めているのだろう。コンテンツ、即座の対応、利便性などによって、サブスクリプションに**価値を付加**するのがアマゾンのやり方だ。

- **価値あるコンテンツ**　プライム会員は動画、音楽の配信サービスやKindle本、オーディブル（音声コンテンツ）を無料で利用できる。
- **即座の対応**　商品は出荷後2日以内に届く。アマゾン・プライム・ナウを使うと、エリアによっては、**2時間**で商品を受け取る無料サービスを利用することも可能だ。
- **利便性**　ソファーから離れてパソコンのあるところまで行くのが面倒なときは、スマートフォンでプライム・ナウのアプリを使えばよい。アマゾン・レストランというサービスを利用すると、地元のレストランが夕食を玄関まで届けてくれる。

アマゾンはアマゾン・プライムだけでなく、顧客がニーズに合わせてプランを決められる定期購入サービスも提供している。これを利用すると、「サブスクライブ・アンド・セーブ」ストアで最大15％の割引を受けることができる。

アマゾンは顧客のニーズを見越して満たす方法を常に求めている。**先行出荷**――受注前に商品を発送する――の特許を取得したのもその例だ。この小売業界の巨人から目が離せない。

新しいサブスクリプション型サービス

庭の手入れ、プールのメンテナンス、掃除など、繰り返し提供されるサービスは通常、サブスクリプションベースである。我が家では家を買ったとき、シロアリの定期点検契約を結んだ。

必要に応じて利用し、時間単位、あるいは1回いくらという形で支払いをするサービスもある。だが、こうしたサービスを提供する業者の多くが、今、サブスクリプション型のサービスをオンラインで提供して業容の拡大を図っている。ちょっと検索しただけで、さまざまなサービスが見つかる。

- 医者の往診……ネットメドナウ（NetMedNow）
- 法律相談……ロケット・ロイヤー（RocketLawyer）
- セラピー……トークスペース（Talkspace）
- 人材紹介……アセンド・HR・コーポレーション（Ascend HR Corp.）
- フィナンシャル・プランニング……ラーンヴェスト（LearnVest）
- 会計……ベンチ（Bench）

生産財のサブスクリプションサービス

Ｂ２Ｂ市場の既存企業は**管理サービス**というビジネスモデルを導入して継続的な収益を確保している。管理サービスは機器と各種サービスをパッケージにしたもので、サブスクリプションベースで提供される。サービスの提供者が機器の所有権を有し、顧客に代わって機器の維持、管理を行う。

ゼロックスやヒューレットパッカードのようなプリンターのメーカーはプリント管理サービスを企業に提供している。パッケージには、プリンターのほかに次のようなサービスが含まれている。

- 企業がプリンターに何（色、容量、部単位印刷など）を求めているかを明確にする。
- さまざまなプリンターを、それぞれどこに置くのか、最適の設置場所を決める。
- プリンターの設置と設定をする。
- 用紙やトナーカートリッジの補充をする。
- 必要に応じてプリンターのメンテナンスをする。
- ビジネス環境の変化に応じてプリンターの回収、交換を行う。

では、工業薬品はどうだろう。企業は使用する薬品を実際に**所有**すべきか、それとも、その薬品に関わるさまざまなプロセスに対して支払いをすればよいのか。ケミカルリース（あるいは**ケミカル・マネジメント・サービス**）を提供する工業薬品の製造業者、販売業者は、顧客とともに方針を定めたうえで、作業に適した薬品の供給や管理を行う。

供給する側は工業薬品の販売量ではなく**サービスの質**に基づいて支払いを受ける。環境という観点に立つと、重要な工程で使用する薬品の量を抑えることはすべての人にとってプラスである。サービスの提供者は、薬品をきちんと安全に扱い、処理するのに必要な知識を備えている。

３Dプリンティングを、機器を買わずに試してみたい？　そんな人はカーボン（Carbon）

が提供する先進的な３Ｄプリンターのサブスクリプションサービスを利用すればよい。機器とサポートサービスがパッケージになっているので、あなたの会社における３Ｄプリンティングの可能性を探ることができる。

サブスクリプションボックス

消費者市場でサブスクリプション型ビジネスを推し進めようとするスタートアップにとって、人々が定期的に使用する商品やサービスはどれもが魅力ある取扱商品の候補だ。サブスクリプションボックスの人気は高まる一方で、どれほどの種類があるのか、どんな目新しいものがあるのか、チェックしてみるとよい。提供会社の選んだ品がいくつか送られてくるが、多くの場合、顧客がその中のどれかを気に入って新たに購入してくれることを会社は期待している。サブスクリプションボックスはアップセル（客の当初の希望や、以前買ったものより高価な商品・サービスの購入を促すこと）を狙ったものであることが多い。

多くのスタートアップが多種多様なサブスクリプションボックスを提供して反応を見ている。

- 食品、半調理食品、ミールプランニング（献立計画）

- ジュースクレンズ（野菜・果物のジュースによる美容・健康法）
- ランニング用品
- 化粧品、美容雑貨のサンプル
- ゲーム用品
- おもちゃ
- 銃弾
- ペットフード、ペット用品、ペット用おもちゃ
- 3Dプリンティング用品
- 共同生活空間
- ビデオ授業
- ホットソース
- 空の旅
- チキン（鶏肉を届けるサービスがいくつかある）

サブスクリプションボックスが気に入っているなら、クレイトジョイ（Cratejoy）に登録すればよい。

● サブスクリプションボックスのプラットフォーム、クレイトジョイ（Cratejoy）

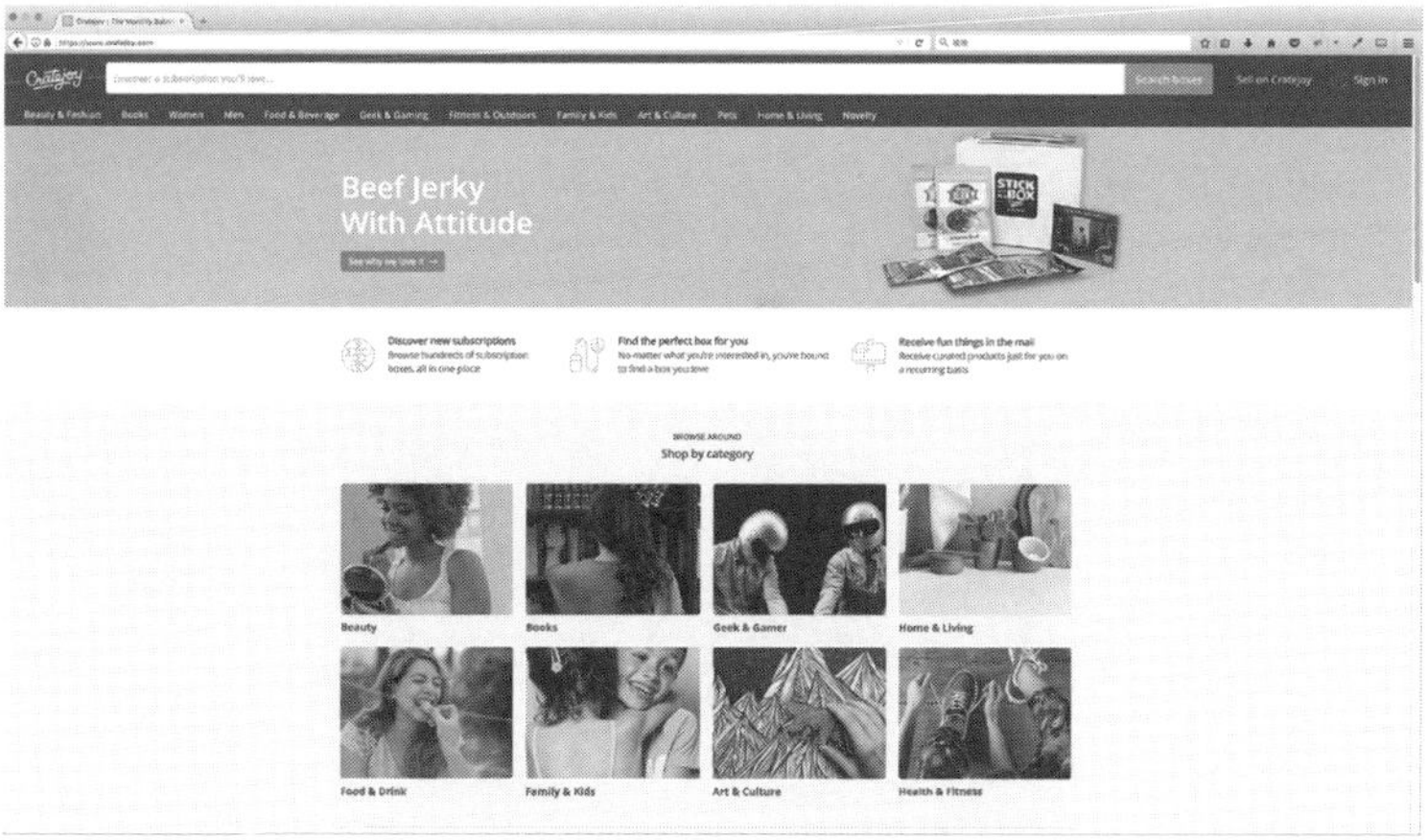

www.cratejoy.com

新しい商品を見つけることができ、さらには、サブスクリプションボックスを提供するビジネスの構築や管理も可能だ。

サブスクリプションへの移行に拍車をかける他のトレンド

サブスクリプションがこの先も間違いなく広まっていくことを示す証拠がもっとほしいという人のために、サブスクリプションが他の主要なトレンドとどう関わっているかを見てみよう。

シェアリング・エコノミー……人が本当に求めているのはモノの**所有**ではなく**利用**だ。これがシェアリング・エコノミーの基礎となる考え方である。このモデルは、ときどき必要なモノに対して、とくにうまく機能する。シェアリング・エコノミーにはサブスクリプション方式や会員制が採用されることが多い。

典型的なカーシェアリングの場合、まず、サービスを利用するために申し込み、あるいは登録をし、車が必要になったら予約をする。自分で運転するにせよ（ジップカー）、だれか別の人が運転するにせよ（ウーバー、リフト）、カーシェアリングは車の所有に代わるものとして急速に人気が高まっている。だが、最初にしなければならないのは会員登録《サブスクライブ》だ。

スマートデバイス……スマートフォンは、常に接続された状態にあり、すぐに要求が満たされることを求める私たちに応えてくれる強力なデバイスである。私たちはオンデマンド・エコノミーの時代を生きていると言う専門家もいる。今日のスタートアップにとって非常に重要なのがモバイルアプリだが、アプリの多くは有料のサブスクリプションベースで提供されている。

ＩｏＴ（モノのインターネット）……ＩｏＴは、さまざまなモノがインターネットにつながっている状態を表す言葉である。そろそろ席を立つようあなたを促す腕時計、人がいるかどうかを検知するサーモスタット、異常を検知したら自動通報するリモートサイト。ＩｏＴは日々成長している。

家庭用電化製品がネットワーク化された世界では、消費者はモバイルアプリやウェブベースのアプリを通じて販売会社と関係を保つことになる。ＩｏＴの広がりによって、商品と一緒にサブスクリプション型サービスを提供するチャンスが販売会社にもたらされた。スマートサーモスタット（ネスト）やフィットネス用のウェアラブル端末（フィットビットなど）、ソーラーパネルなどの機器には、すべてアプリがある。現在、ＩｏＴ関連の販売会社の売り上げはほとんど、あるいはすべて、アプリではなく機器の販売で占められている。だが、データを収集できることから、企業はそのデータを活かしたサブスクリプションサービスを提供することが可能である。

たとえば、フィットビット（Fitbit）は商品の購入者に無料でアプリとソフトウェアを提供している。だが、詳細な報告や分析を受けられるサブスクリプション型のプレミアムサービスも用意されている。これは**フリーミアム**モデルの一例だ。フリーミアムとは、大半の顧客が無料サービスを利用し、プレミアムサービスにお金を支払う一部の顧客によってそれが支えられるビジネスモデルである。

デジタル化……消費財のデジタル化が進み、サブスクリプションサービスの構築が容易になっている。たとえば音楽業界では物理的メディア（CD）からデジタルメディア（iTunesやMP3）へのシフトが生じ、さらに、音楽をまったく所有しないストリーミング配信へのシフトが進んでいる。オンライン配信への移行によって、購入したCDを補完するもの、あるいは所有に代わるものとして、音楽の**サブスクリプション**サービスを利用することが可能になった。

資源不足……人口が70億人を超えるこの地球に住む私たちは、資源不足が深刻化する時代を生きているという現実から逃れることはできない。資源の減少が進む世界に適応するため、企業は顧客とともに無駄の削減や再生利用に取り組み始めるだろう。

資源を利用して最後は埋め立て地に放り込むのではなく、再生・再利用する**循環経済（サーキュラー・エコノミー）**という経済モデルがある。タイルカーペットを製造するインターフェイス(Interface)は、カーペット・アズ・ア・サービス(サービスとしてのカーペット)という考え方を提唱し、カーペットを製造してリサイクルするまでの循環システムを作り上げた。インターフェイスは商業ビル向けにタイルカーペットをリースで提供し、カーペットが不要になったら回収してリサイクルする。このモデルを採用することでカーペットの環境フットプリントはとても小さくなる。

　このような循環経済は、販売会社が製品の所有権を有し、顧客との関係を維持することによって可能になる。顧客との関係は多くの場合、サブスクリプションサービスによって保たれる。

● フィットネス用のウェアラブル端末、フィットビット(Fitbit)。無料アプリに加えてサブスクリプション型のプレミアムサービスも提供している。

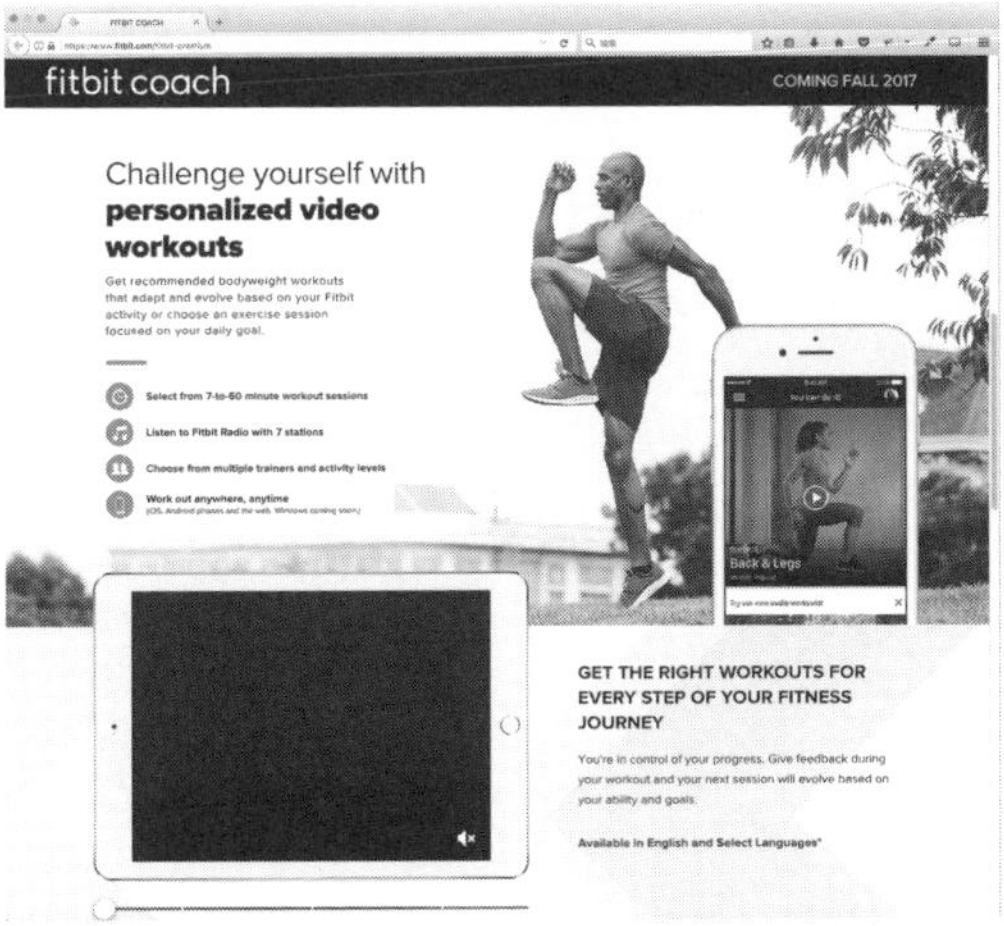

Photo: Hamza Butt/Flickr　　www.fitbit.com/fitbit-premium

私たちは皆、サブスクリプション・エコノミーの参加者である

サブスクリプションが自分の業界に混乱を引き起こすなどありえない話だと思っている人は、十分に考えているとはいえない。

ズオラのCEO、ティエン・ツォはサブスクリプション・エコノミーの熱心な唱道者で、大胆な発言をしている。「5年以内に私たちは何も買わなくなり、すべてをサブスクリプションという形で利用するだろう」

本当にそうなるかどうかはわからない。だが、私はこう見ている。5年以内にすべてのものにサブスクリプションという**選択肢**が生まれる――そして、企業はどこもその現実に対応しなければならなくなる。

2 サブスクリプションへの移行

　サブスクリプションがすべてのビジネスモデルにとって代わることはないだろう。サブスクリプションはあらゆる業界のあらゆる分野で同じように広まっているわけではない。だが、注意深く観察すると、ほぼすべてのところでサブスクリプションというトレンドが生まれているのがわかるだろう。

　既存企業の多くがサブスクリプション型のサービスを新たに提供している。物販モデルを捨て、サブスクリプションに完全に移行した企業もある。スタートアップは大多数が初めからサブスクリプションモデルを採用している。

　この章ではサブスクリプションへのさまざまな移行の仕方を見ていく。どんな企業にも合うやり方などというものは**ない**。さまざまな方法を知ることで、あなたの目的に最も適うやり方が見つかるかもしれない。すでにサブスクリプションベースのサービスを提供している人は、業容拡大のためのヒントが得られるかもしれない。

いかにしてビジネスモデルを変えるかを説明しようというのではない。サブスクリプションへの移行について詳細に述べたものが必要なら、ロビー・ケルマン・バクスターの『シリコンバレー発　会員制ビジネス起業術』やジョン・ワリローの『オートマティック・カスタマー』（*The Automatic Customer*：未邦訳）を読んでほしい。

サブスクリプションモデルの導入

既存の企業はさまざまな方法でサブスクリプション・エコノミーに参入している。大胆に頭から飛び込んで、サブスクリプションに完全に移行する企業。つま先を水につけるようにして試験的に、あるいは、一部の顧客にサブスクリプションベースのサービスを提供する企業。よく見られるのは次のような方法である。

- 試験的に導入する。
- 一部の顧客に提供する。
- 「全力で」転換に取り組む。
- マーケティング戦略としてサブスクリプションを導入する。
- スタートアップの戦略としてサブスクリプションを導入する。

これらの方法の利点と問題点をざっと見てみよう。

試験的導入

慎重な企業は、従来の商品やサービスの販売法を残したままサブスクリプションを試験的に導入するかもしれない。そうした企業は基本的にこう考えている。「これまで扱ってきた商品、サービスをサブスクリプションベースで提供し、買う人がいるかどうか確かめよう」

これはリスクの比較的低い手法のように思えるが、コミットメントの欠如から失敗に終わることも考えられる。現在の売り上げが減ることを恐れて営業担当者はサブスクリプションを売り込もうとしないかもしれない。マーケティングチームはこれを試験的なものと考えて、理想的な顧客を求める十分な努力をしないかもしれない。顧客を成功に導く最初の段階で力を入れなければ、契約の更新はなされず、チャーンレート（解約率）が高くなるかもしれない。

一時的な導入では売り上げにも期待はもてそうにない。サブスクリプションは時間をかけて売り上げを積み上げていくものだからである。売り上げが期待外れに終わると、導入に懐疑的だった人々の、この市場にはサブスクリプションモデルは合わない、という主張が裏づけられることになる。失敗を予言し、それを自ら実現しているようなものだ。「**うち**のお客はサブスクリプションに関心がない」、「**うち**には合わないんだ」。失敗を正当化するこんな声が聞かれるだろう。

競争の激しい市場では自己満足は危険である。

サブスクリプションモデルを試すなら偏りのない方法で進めなければならない。

十分な時間をかける……パッケージ商品や1回限りのサービスを提供すると、販売時点で収益が一度に計上される。サブスクリプションの場合は、**時間をかけて**収益を伸ばしていくことになる。導入当初の売り上げは、取るに足らないと思えるほどのものだろう。

コミットメント……契約者の獲得だけでなく、サブスクリプションの価値を高めることにも注力しなければならない。契約後、顧客がより多くの価値を引き出せるよう力を尽くさなければ、成功はおぼつかない。

何を提供するのか……取扱商品をすべてサブスクリプションベースで提供するのか、一部だけ提供するのか、サブスクリプションに適した商品を新たに扱うのか。あなたの会社の基本的価値と市場のニーズにマッチする方法を考え出さなければならない。

こうした点を踏まえて試験的導入をすれば、サブスクリプションサービスを継続的に展開していくことになるかもしれない。

ターゲットを定める

同じ商品を価格を変えて異なるビジネスモデルで提供することは、営業チームにとって大きな挑戦である。これを実行する一つの方法が、ターゲットを定めてマーケティングやカスタマーサクセスを集中的に行うというやり方だ。この場合、価値提案はその顧客層に合ったものを用意すればよい。

数年前、私は大企業にＩＤ・アクセス管理ソフトウェアを提供している会社をクライアントにもっていた。企業はソフトを購入・導入・運用し、販売会社（つまり私のクライアント）がそれをサポートした。その後、この会社は中小企業を対象にしたクラウドベースのサービス提供を開始した。サブスクリプションモデルを使ってＳａａＳを新しい市場に提供し始めたのだ。

長期的なビジネスチャンスはクラウドにあると見たこの会社は、新しい製品ラインを立ち上げ、新しいブランドを育て、新しいウェブサイトを開設して、クラウドベースでのソフトウェアの提供を始めた。サブスクリプションサービスの開始を支えたパッケージソフトウェアはもう主力商品ではない。この会社では顧客のセグメント化がサブスクリプションへの移行の鍵となった。

新市場に参入するとき、その市場の顧客が何を求めているかを理解するには、サブスクリプション方式で商品を提供してみるとよいかもしれない。

商品開発やマーケティングが大きな成果につながるのは、従来の物販モデルなのか、サブスクリプションモデルなのか。最終的にはそのどちらか一方を選ばなければならなくなることが考えられる。そのときあなたは**サブスクリプションへの転換**を図るかもしれない。

サブスクリプションへの転換

ソフトウェアの世界で伝統的なビジネスモデルからサブスクリプションモデルに転換して注目されたのがアドビシステムズ（Adobe）である。アドビは、人気の高いフォトショップやイラストレーターなどのデザイン用ソフトの販売モデルを移行するところから始めた。

２０１１年10月、アドビは定額制メンバーシップ「クリエイティブ・クラウド」を発表。それまでパッケージで販売していたソフトウェアをクラウドベースのサブスクリプションサービスとして提供するようになった。パッケージでの販売もその後1年以上継続された。

２０１３年5月、アドビは、パッケージソフトウェアのアップデートはもう行わないこと、クラウドベースの製品の開発に専心することを発表した。同社のプレスリリースによると、クラウドへの移行はイノベーションの加速を図るためのものだった。

クリエイティブ・クラウドに開発を集中させることによって、イノベーションがさらに加速するだけでなく、アドビシステムズ社がクリエイティブコミュニティに提供できるイノベーションの種類もさらに拡大することとなります。

この決定は当初、報道機関や投資家の不評を買った。継続的な課金方式への移行は、長期的成長が見込めるものの、短期的には売り上げが減ることを意味している。だが、アドビはさらにマーケティング・クラウド、ドキュメント・クラウドを提供し、ぶれることなくＳａａＳの拡大を図った。

２０１６年末にアドビは２０１６年度の決算を発表、収益は過去最高の58億５０００万ドルに達し、その78％がサブスクリプションサービスで占められていた。忍耐とコミットメントが成功につながったのである。

マーケティング戦略としてのサブスクリプション

サブスクリプションモデルが既存のビジネスモデルを**脅かす**のではなく、サポートし、確固たるものにする場合もある。企業は、従来の物販モデルの売り上げを伸ばす、あるいは、顧客との関係を強化してロイヤリティを高めるなどの目的でサブスクリプションサービスを開始する。

何かを購入すると、多くの場合、定期購入を勧められるのではないかと思う。私がいつも紅茶を買うアダージョ・ティーズ（Adagio Teas）は、私がある紅茶を頻繁に注文することに気づいて、定期購入するよう勧めてきた。

オンライン販売をする小売業者は、サブスクリプションサービスを提供すると、サブスクリプション以外の売り上げが増えることに気づいた。顧客は、サブスクリプションだと買うか買わないかの判断を1度だけすればよいので、「お金を使うときの苦痛」を何度も味わわずに済む。そして、サブスクリプションは多くの人にとって本当に便利なものだ。

サブスクリプションはまた、クロスセル（既存顧客に関連商品の購入を勧めること）をかけるのにも役立つ。従来型の小売業者はサブスクリプションボックスを新たに提供することで、顧客との関係を強化するとともに、新しい商品を知ってもらうことが可能になる。

たとえば、多数の企業が化粧品や美容雑貨のサンプルが入ったサブスクリプションボックスを毎月届けるサービスを提供している。これらの企業はそこから収入を得るだけではない。ボックスに入っていた商品を気に入って顧客が新たに購入してくれるのだ。

先に述べたアマゾン・プライムについて考えてみよう。アマゾン・プライムは数えきれないほどの小売業者が提供しているサブスクリプションサービスの**1つ**である。99ドル支払って会員になると、対象商品が2日で届き、プライム・インスタント・ビデオのテレビ番組や映画は見放題、Kindle本を借り、プライム・フォトに写真を保存できるなど、さまざまな特典が与えられる。

プライム会員が会費を払うとはいえ、2日で商品を届けるにはかなりの費用がかかる。しかし、会員はアマゾンでたくさんの買い物をしているようだ。コンシューマー・インテリジェンス・リサーチ・パートナーズによると、アメリカのアマゾン・プライム会員はアマゾンで年間、平均1200ドルの買い物をする。これは会員になっていない顧客の約2倍の額である。アマゾンは年次報告書で、アマゾン・プライムがマーケティングツールとして世界中で効果をあげていると述べている。

スタートアップの戦略としてのサブスクリプション

事業をスタートさせるとき、すでに強固な顧客基盤があればどうだろう。最初の顧客ベースを確保し最初の商品を開発するために、会員制のサイトを利用するスタートアップが増えている。

ジョー・ピュリッジは著書『コンテンツ社』（Content Inc.：未邦訳）で、定額制コンテンツによって人々と関わり、声を聴くところから事業を始めた多数の企業を紹介している。そうした企業は市場が何を求めているかを理解したうえで、商品やサービスを売り出すのである。ピュリッジの創設したコンテンツ・マーケティング・インスティチュートや、彼の本で紹介された多数の企業が、この方法で成功を収めている。

これは、何カ月もの間「社外秘」でことを進め、それから市場に（願わくは華々しく）登場するやり方の逆をいくものである。潜在顧客にコンテンツを通じて価値を届け、一方で彼らから学ぶという、意味のある交流をするところからスタートするのだ。

これからビジネスを始めようという人は、**まず**コンテンツを通じた関係作りをし、次に、どのような商品を提供すればさらに関係を深められるかを考えるとよい。強固で前向きな支持基盤を得たスタートアップは、競争を有利に進めることができるだろう。

他の企業があなたの提供する商品やサービスをコピーすることは可能かもしれない。しかし、あなたと顧客との関係をコピーすることは不可能である。

舞台裏では何が起きているのか

サブスクリプションモデルを採り入れると、営業、財務、研究開発、カスタマーサクセスなど、会社のさまざまな部署に影響が及ぶ。ビジネスモデルを転換するにせよ、従来のモデルにサブスクリプションサービスを加えるにせよ、解決するべき課題は多い。

- 従来の販売モデルとサブスクリプションモデルをどのように併用するのか。
- 営業担当者の報酬はどうするのか。
- 更新はだれが担当するのか。
- 客が契約を決めた時点で売り上げを計上するのか、それとも契約期間が終了した時点で計上するのか。
- どのビジネスモデルでも同じマーケティングメッセージを届けるのか。
- サブスクリプションモデルを使って従来とは異なる市場に参入するのか。顧客のペルソナはこれまでと同じなのか。
- 長期的成長をめざすなら、サブスクリプションの料金設定はどのように行うべきか。

サブスクリプションへの移行は困難を伴うだろう。古いやり方ではうまくいかない。新旧モデルの違いにうまく適応しなければ、売り上げは期待したほど伸びないかもしれない。
サブスクリプションモデルには、一定の収入を継続的に得、顧客と長期的関係を築く以外にも、思いがけない利点があるかもしれない。

競争を勝ち抜くための差別化……市場で真っ先にサブスクリプションサービスを提供すると、大きな強みになる。顧客の利用、解約状況を常に注視していると、1つ契約をとったらそれでよいと考えている他社より市場の変化を敏感にとらえて素早い対応ができるだろう。

市場の拡大……サブスクリプションは申し込みが簡単で、手頃な料金で始められることから、新しい市場を開拓できるかもしれない。

他の利点……アドビは自社のソフトウェア、とくにフォトショップのような高価なアプリの海賊版を使用する人々に長年、悩まされていた。サブスクリプションモデルへの移行によって著作権の侵害は自動的に減った。コピーが可能なパッケージソフトウェアをもう出荷していないからである。また、プロジェクトを1つかかえているが予算が厳しいという企業は、1、2カ月だけクラウドサービスを利用すればいい。

ここで、ビジネスモデルを転換したある企業をとりあげ、転換の課題と利点を具体的に見てみよう。

事例——サブスクリプションへの転換

サブスクリプションモデルへの転換を図ると、ものごとのやり方について根本から問い直す機会を得ることができる。ヒューストンに拠点を置くアセンド・HR・コーポレーションはサブスクリプションベースの人材紹介サービスを開始し、紹介会社とクライアントの関係を以前よりよいものに変えた。

人材紹介会社の大半は「成約ごとに」紹介手数料を受け取る。企業は、役員や技術職など、埋めるのがむずかしいポジションの適任者を見つけるために人材紹介会社を利用し、採用に至ると手数料を払う。アセンド・HR・コープは人材紹介サービスを月単位、あるいは年単位のサブスクリプション方式で行うことを決めた。

これはすばらしいアイデアのように思える。しかし、それは今だから言えることで、このモデルに移行するまでの1年半の間、同社は多くの問題を解決しなければならなかった。アセンド・HR・コープの社長兼ビジネス開発担当役員のロリス・フォンテノット三世は、サブスクリプションモデルの料金設定がむずかしかったと語る。「私たちにはマニュアルがなく、どこから始めればよいかもわかりませんでした。どのようなサービスをいくらで提供するのか、試行錯誤で決めなければならなかったのです。料金体系はできるだけシンプルで明確なものにする必要があることを私たちは学びました」

販売サイクルも伸びた。成功報酬を得る伝統的なモデルの場合、だれかが採用されるまでクライアントからの支払いはない。採用には数カ月要することもあった。サブスクリプションモデルでは、月初めに比較的少額の手数料が支払われる。従って、アセンド・HR・コープは最初からクライアントの信頼を得なければならない。

移行後1年半ほど経過した今、アセンド・HR・コープはほぼすべての仕事をサブスクリプションベースで行っている。移行前は売り上げにバラつきがあったが、現在は安定し、年間売上高が増加した。「移行を図って2年で売り上げが65%伸びています。クラウドベースの技術を利用することでクライアントへの革新的なソリューションの提供が可能になり、費用対効果も高いです」

顧客の側も費用がいくらかかるか前もって知ることができるようになった。旧モデルでは多額の手数料の支払いが必要なケースがあり、採用担当のマネジャーが費用を次の四半期に計上するために新しい従業員との契約を先延ばしにすることも考えられた。サブスクリプションモデルなら、何人雇っても、いつ契約してもかまわない。手数料はいつも同じだ。クライアントは採用のための予算を正確に計上できる。

アセンド・HR・コープのある主要なクライアントは、3カ月の間に33人採用した。このクライアントは、伝統的モデルなら成功報酬として今の月々の手数料の何倍ものお金を支払わなければならなかっただろう。

だが、サブスクリプションモデルへの移行によってもたらされた最も重要な利点は、アセンド・HR・コープとクライアントの関係が変わり、成功報酬型のモデルにつきものの対立が解消されたことである。

採用ごとに紹介手数料を支払う伝統的なモデルは、紹介会社と採用する側の会社をよく対立させる。採用する側は、自らポジションを埋めることができれば、手数料を支払わずに済むからだ。ある意味、両者は採用をめぐって競い合っているわけで、情報が共有されないこともある。紹介会社は適任者を見つけるために何をしているのか明かす必要はない。どちらの側にも、自社が見つけた候補者を守りたいという思いがある。

サブスクリプションモデルでは、全員が空席を埋めるという共通の目的に向かって進んでいる。紹介会社と採用担当マネジャーは惜しみなく情報を交換する。

新しいモデルへの移行はアセンド・HR・コープにとって大きな挑戦だったが、うまくいった。毎月一定の売り上げがあり、ストレスの少ない、やりがいを感じられる環境が生まれた。そう感じることができるのは、同社がクライアントの成長を助けることを自らの成功の原動力としているからである。

3 マーケティングへの影響

サブスクリプション・エコノミーが広まっていること、さまざまなサブスクリプション型ビジネスが展開されていることがおわかりいただけたと思う。

本章ではこれをマーケティングの観点からとらえてみたい。たとえば、会社の収益モデルが変わるということは、マーケターにとって何を意味するのか。サブスクリプションで成功している企業では、マーケティングの役割にどのような変化や進化が見られるか。サブスクリプションはマーケティングを企業にとってより大きな意味をもつものに変えるのか、それとも、その逆なのか。

では、始めよう。

収益をどこに求めるか

マーケティングはあなたの会社にとってどれほどの意味をもっているだろう。

これはデリケートな問題である。熱心なマーケターは重要な仕事をしていると感じている。しかし、会社の業績や売り上げにどれほどの影響を及ぼしているか把握しているマーケティング部門は驚くほど少ない。

適切なマーケティングが行われているかどうかは、収益の伸びを見ればほぼ判断できる。顧客を呼び込む、あるいは成約を期待できそうな見込み客を営業チームに引き渡す、これがマーケターの従来の役割だった。とくにB2B企業のマーケターは、見込み客を集め、育成し、成約へとつなげることに力を入れてきた。このやり方は長年うまく機能した。だが、サブスクリプション型のビジネスでは、契約時にお金がすべて支払われるわけではない。

サブスクリプションサービスでは顧客は使った分だけ支払うので、パッケージ化された商品の販売や1度限りの販売に比べるとわずかな売り上げにしかならない。だが、顧客が解約しなければ、クロスセルやアップセルをかけなくても、顧客生涯価値は増していく。

サブスクリプションモデルでサービスを提供していると、会社の売り上げがサブスクリプションサービスで占められる割合が増えていく――ただし、顧客が解約しなければの話である。会社の成功は、顧客がとどまるかどうかにかかっている。契約をとることばかり考えていると大局を見失ってしまう。

サブスクリプション型ビジネスのマーケターとして意味のある仕事をするには、収益の推移を注視し、契約後のマーケティングに力を入れなければならない。

見込み客の獲得に懸命なマーケティング部門は、会社にとって重要な存在とは言えなくなる恐れがある。

サブスクリプションビジネスではマーケティングの重要性は低いと言いたいのではない。逆に、サブスクリプションビジネスの実態に即した活動をしていけば、マーケティングは重要な役割を果たすことになる。

適切な行動をとらないマーケターは**マーケティング・レベニュー・ギャップ**に陥る恐れがある。会社の長期的成功は既存顧客（継続的な安定した収益）にかかっているのに、彼らは新たな収益を得ることに時間とお金を投じているのだ。

このギャップを避けるには、見込み客を集めて育成するという伝統的なやり方から離れ、マーケティング部門という伝統的な区分にもとらわれないことが必要である。

数字でとらえる

マーケターは、自らのマーケティング活動が会社にどれほどの利益をもたらすかも理解しておかなければならない。サブスクリプションビジネスでは何に労力とお金をつぎ込むべきか、それを判断するには、次の点について考えてみるとよい。

- 顧客を1人獲得するための平均コストはいくらか。成約に至るまでのマーケティングや営業にいくらお金がかかるのか。
- 契約者1人当たり収益（ＡＲＰＡ：Average Revenue per Account）はいくらか。
- 顧客を維持するのにかかるコストは。
- 顧客の獲得に要した費用を回収して利益を得るまでにどれだけの時間を要するか。契約更新が何回必要か。
- 平均的な顧客はどれほどの期間サービスを利用し契約を更新するのか。現在のチャーンレート（解約率）はいくらか。

顧客の獲得や維持に要する費用を考えると、最初の契約時に1年分の料金が支払われたとしても利益がでることはほとんどない。たとえば、顧客を得るのに１００ドルかかり、サブスクリプションの料金が月額5ドルであれば、獲得費用の元をとるだけで20カ月を要する。これは維持コストを考慮しない場合である。

スカウトアナリティクス（サービスソースに買収された）は顧客の獲得コスト、維持コストに関するデータをさまざまな情報源から収集し、ソフトウェアのサブスクリプションサービスの損益分岐点を平均3・1年とはじき出した。もっとかかる可能性もある。

サブスクリプションビジネスを始めるとき、多くの企業はすぐに顧客を増やすことばかり考える。そうなるのはわかる。しかし、初期の段階というのは、顧客と長期的関係を保つための基礎を固める絶好の機会である。

既存の顧客が今どれだけの収入をもたらしているかだけでなく**収益機会**も考慮し、マーケティングにはそれに見合うお金と労力を投じていかなければならない。将来いくらの収入が見込めるかは、顧客にどれくらいの期間サービスを利用してもらえそうかを考えて計算すればよい。これについては第21章「価値育成のためのビジネスケース」で詳しく述べる。

チャーン（解約、離脱）は重要な指標である。顧客はいつまで契約を更新し続けてくれるのか。月間、あるいは年間、何人が離脱するのか。チャーンレートが高い場合、さまざまな原因が考えられる。商品設計や商品の届け方、商品の品質や使い勝手などに問題があるのだ。だが、マーケティングのまずさが高いチャーンレートにつながっている場合も多い。適切な顧客とは言えないような人々を引き込んでいるケースや、成約後の顧客サービスが十分行われていないケースが見られるのである。

サブスクリプションビジネスでは、優秀なマーケターは、いつもチャーンに目を向けている。

マーケティングの新原則　信頼と価値

物販モデルからサブスクリプションモデルへ移行すると、顧客との関係に変化が生じる。サブスクリプションでは、1度だけ取り引きをしてそれでおしまいというのではなく、顧客との関係が継続していく。

モデルの移行は、顧客の獲得法や顧客サービスに影響を及ぼす。

伝統的なモデルでは、購入するという判断に導くためのマーケティングが行われた。差別化を図って競争優位に立ち、商品、サービスの機能や価値を高め、感情的なつながりによって売り上げを伸ばそうとした。

だが、継続的なサービスの契約をとりつけるには、別のアプローチが必要かもしれない。顧客には、商品、サービスだけでなく、会社も**信頼**し、あなたがそばについていることを知ってもらわなければならない。法外な料金を請求される、解約できないといったことは絶対に生じないと感じてもらわなければならない。そして、自分は正しい判断をしたのだと信じ続けてもらうことも必要である。

顧客との関係が変わると、マーケティングチームには何が求められるようになるのか。

- 販売（登録、あるいは契約）前に**価値を実証し、信頼を得る。**
- 契約後は、**価値の育成**と**信頼の維持**に努める。

これを推し進めていくのはマーケティングチームだけではない。マーケティングの担当者がめざすべき方向を決めることはあるだろうが、顧客との関係は全社を挙げて築いていくものである。価値を実証し信頼を維持するには、マーケティング、カスタマーサクセス、カスタマーサポート、営業、サービスなどさまざまな部門間の協力が必要である。

マーケティング部門が約束をする。全社を挙げてその約束を果たす。

契約前のマーケティングについて論じた本は多い。だが、契約後、あるいは登録後はどうなるのだろう。

契約後が肝心

私は仕事を始めたばかりのころ、スタートアップで働いていた。私たちは見込み客を集めることで頭がいっぱいだった。必死なときは雑誌社などから名簿を買った――営業チームの飢えを満たすことができるなら何でもよかった。

マーケティング担当のバイスプレジデントは営業チームとの関係をこう言い表した。「ぼくたちが見込み客を捕まえて、君たちが皮をはぐ」。私はこの譬えが好きではなかったが、当時の状況がうまく表現されていた。

今、私たちはもっと啓蒙されたマーケティングの時代を生きている。マーケティングのために、バイヤーペルソナ（ターゲットとする顧客のモデル）に基づいたコンテンツが制作される。そこにキーワードを加え、見込み客が検索したとき目につくようにする。マーケティングオートメーション（デジタルマーケティングの業務を自動化する仕組み）を導入して、見込み客の行動をトレースし、スコアリングし、育成する。

しかし、営業チームに引き渡すだけの価値がある見込み客を獲得するという基本的な課題は今も変わらない。多くの場合、顧客を獲得した時点でマーケティングは行われなくなる。マーケティングチームの評価が、見込み客、あるいは新規顧客の獲得数だけで決まるケースも見られる。

サブスクリプションビジネスの場合、これらの数だけで判断するのは短絡的である。

サブスクリプション・エコノミーでは、顧客を獲得したときが始まりである。

サブスクリプションモデルでは長期的な収益を得ることが可能になる。従って、マーケターは契約をとることから顧客との関係を築くことに重点を移さなければならない。デビッド・マーマン・スコットは著書『セールスとサービスの新たなルール』（*The New Rules of Sales and Service*：未邦訳）でこう述べている。

顧客を最初に獲得したときとまったく同じことをして顧客を満足させる。顧客のニーズに応えることで顧客を獲得する。顧客は常に満足させなければならない。

4 ファネル再考

２０１５年10月に開催されたマーケティング・プロフB2Bマーケティング・フォーラムは、アヴィナッシュ・コーシックの基調講演で始まった。グーグルのデジタルマーケティングエバンジェリストであるコーシックは、マーケティングファネルは死んだと語った（実際にどう表現したか書くのははばかられるが、意味はおわかりいただけると思う）。

私の周りにいたスピーカーが自分のプレゼンの原稿をめくり、ファネルのスライドを探す音が聞こえた。変更するにはもう遅いだろうかと考えているようだった。

マーケターの頭の中にはマーケティングファネル（あるいはセールスファネル）のイメージが焼きついている。それはまっすぐ伸びる片側通行の道で、見込み客はそこを通って満足感、そしてできれば契約へと導かれる。

だが、たいていの場合、ことはそう単純ではない。

契約後の顧客との関係を見直すつもりなら、ファネルへのこだわりを捨てなければならない。

ファネルはなぜ機能しないのか

ファネルの図は何度も目にしたことがおありだろう。マーケティングファネルは広く集客するところから始まり、次第に数を絞って、最終的に契約へ至る。マーケティングは大半がこのプロセスをたどる。マーケターは「トップ・オブ・ファネル」という言葉を使い、いかにして潜在顧客を呼び込むかを話題にする。

ファネルというフレームワークでは、マーケターは初めは広い範囲の客と関わり合うが、すぐにその数は絞られていく。

- ファネルの最初の段階は**ブランド認知**である。自社の存在に気づいた客を広く集める。
- 潜在顧客を集めたら、次は**見込み客の創出**をする。これは通常、コンテンツへの登録やイベントを通じて情報を収集するという方法で進められる。
- 見込み客が購入を検討し始めたら、マーケティングチームはコンテンツを提供して**見込み客の育成**を図り、営業チームが見込み客を購入へと導けるようにする。

ファネルには大きな問題がある。

- ファネルでは、見込み客が購入まで直線的に進んでいくかのようだが、現実はそう単純ではない。
- ファネルは成約後のことを考えていない。

ファネルという考え方にいつまでも従っていると、顧客との関係を保つのがむずかしくなる。既存顧客はファネルの重要部分をすでに通過しているので、マーケターにとってはあまり関係のない人のように思えるのである。

　顧客と関わることが重要なのはわかっている。顧客から商品、サービスに対する意見や成功談を聞き、すばらしい話を大きくとりあげる。ユーザーを集めて会議を開き、ユーザーの名前をマスコミに伝える。だが、マーケターが何よりも力を入れているのは、ブランドの認知と

● マーケティングファネル

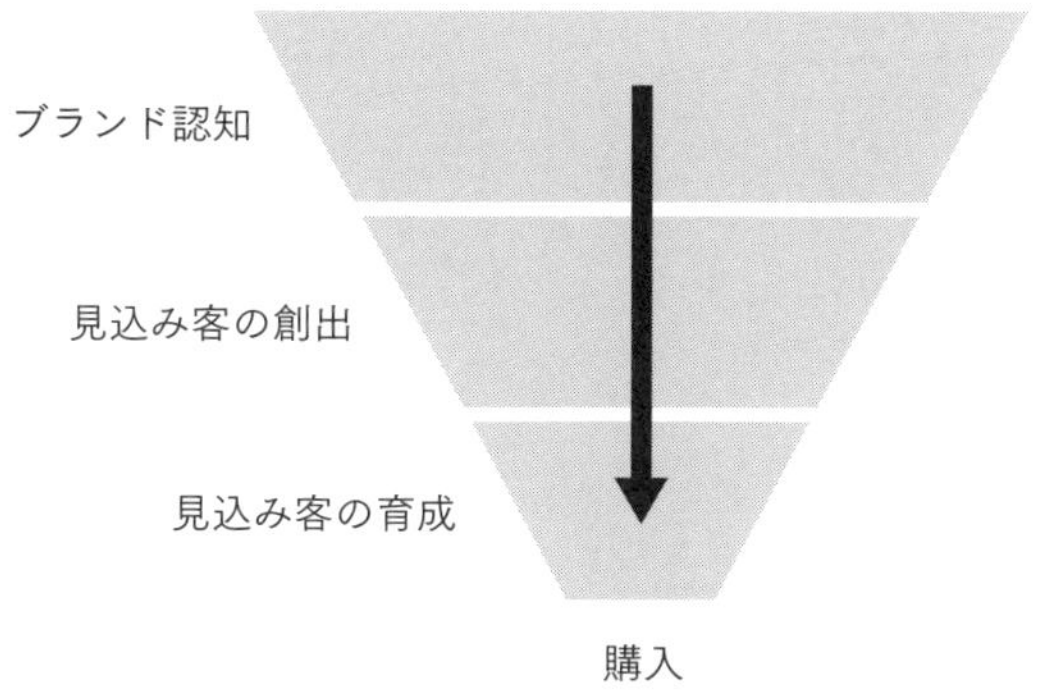

見込み客の創出である。

サブスクリプションはいかにしてファネルを葬るのか

サブスクリプション型の営業、マーケティングチームに変わると、仕事はどうなるのだろう。顧客は契約後、会社の売り上げにずっと貢献してくれる。引き続き意義のある仕事をしたいと考えるマーケターは、契約後も顧客を育成していく。

サブスクリプションモデルは単純な一方通行のファネルにとどめを刺す。

サブスクリプションビジネスでは、契約後もマーケティングによって売り上げを伸ばすことができる。

サブスクリプションの売り上げと会社の成長にとって既存顧客が重要な存在であることを認めるなら、サブスクリプションでは契約が終点では**ない**ことも認めなければならない。ビジネスはここから始まるのである。

見込み客の創出や育成は必要だ。だが、契約に至ってもマーケティングは終わりではない。ファネルという譬えを使うと、サブスクリプションのマーケティングに次のようなフィードバックループが組み込まれていることを示せない。

- 既存顧客を育成して契約更新につなげる。
- 既存顧客にアップセルをかける。
- 顧客の口コミによって新しい見込み客を創出する。

サブスクリプションモデルでは、営業プロセスは直線型の一方通行ではなく、意味のあるフィードバックループを含んでいる。伝統的なファネルの図にこうしたループをすべて書き加えたら、ファネルというよりはフレンチホルンのようなものができあがるだろう。フレンチホルンを自在に吹くのがむずかしいことはだれもが知っている。

● サブスクリプションモデルでは、ファネルはフレンチホルンのような形になる

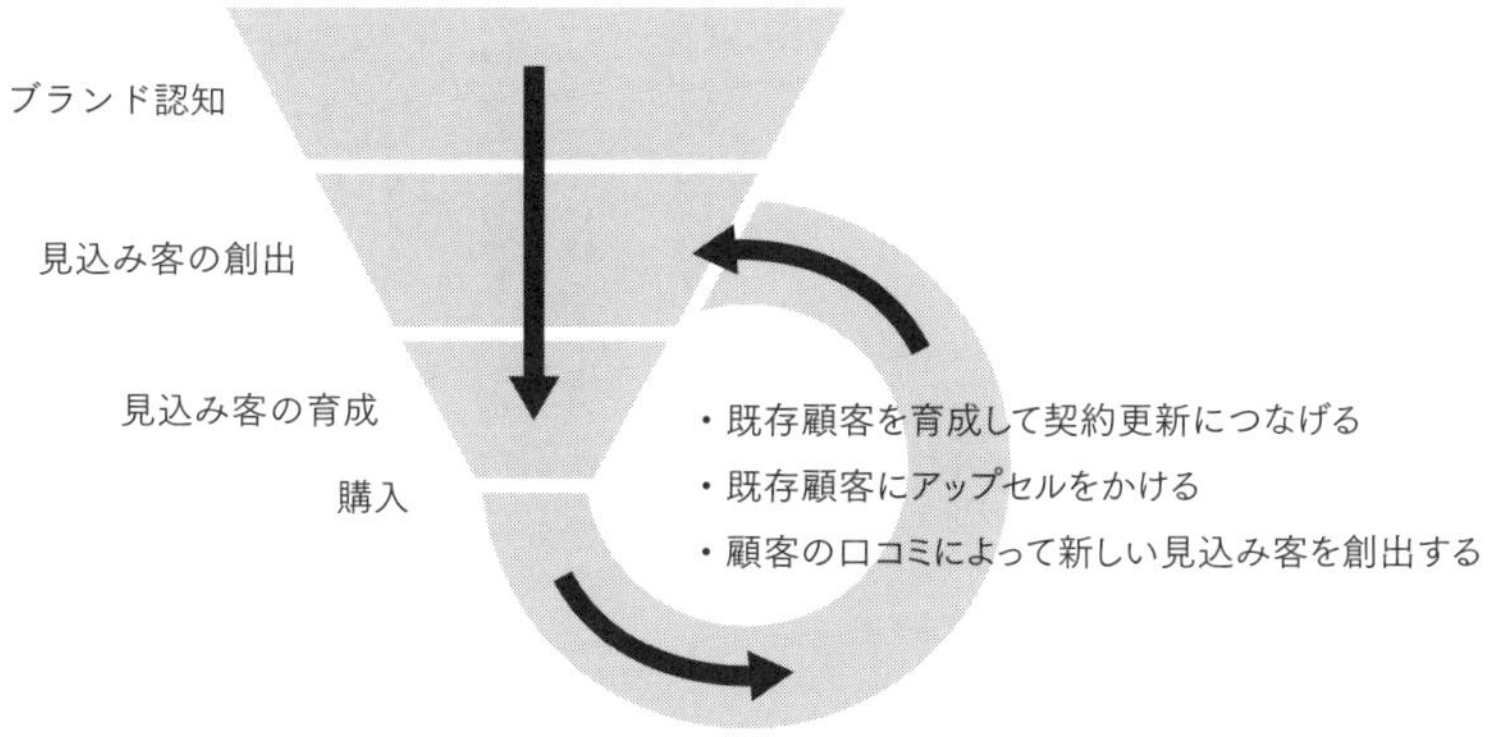
ブランド認知
見込み客の創出
見込み客の育成
購入
・既存顧客を育成して契約更新につなげる
・既存顧客にアップセルをかける
・顧客の口コミによって新しい見込み客を創出する

カスタマージャーニー

ファネルではなく**カスタマージャーニー**という譬えはどうだろう。カスタマージャーニーとは、顧客が会社や商品、サービスと相互作用しながら進んでいく道のことである。

ここでは、顧客ステータスではなく、カスタマーエクスペリエンスが重視される。

カスタマージャーニーでは、あなたの会社（あるいは、自社がかかえる問題）の存在に気づいていなかった人物が、あなたの会社の商品、サービスの購入を検討するようになる。ある時点で検討から購入へと進むかもしれないが、当面は検討を続ける。見込み客の中には複雑に入り組んだ道を通って購入に至る人もいるだろう。道中、見込み客は問題の解決に役立つコンテンツやサポートを必要とするかもしれない。

カスタマージャーニーをうまく支えるには、マーケティングチームは顧客に合った商品、サービスの提供を考えなければならない。顧客はどんな問題解決を求めているのか、商品、サービスをどのように購入し、どのように利用するのか。これを理解するには、調査を行い、顧客がどんな問題をかかえているかをしっかり把握しなければならない。

顧客が何かを購入しても、カスタマージャーニーは終わらない。彼らは購入したものを使い始める。それが顧客の要求を満たすこともあれば、満たさないこともある。その後、顧客はまた新しい問題をかかえる。周囲の状況も変化する。B2Bの場合なら、会社が成長する、あるいは方針転換を図ることも考えられる。購入後も人生は続いていくのである。

あなたの会社がこの人生の物語の一部であり続けることができるかどうかは、契約後何をするかにかかっている。

ファネルの死は顧客と関わる機会をもたらし、マーケティングの役割も拡大させる。サブスクリプションビジネスに関わるマーケターはカスタマージャーニーをサポートするための活動やキャンペーンを行わなければならない。活動とは、具体的にはカスタマーアドボカシー（企業が顧客の利益を最大化するために誠実な支援を行うこと）、リテンション（既存顧客との関係を維持していくためのマーケティング活動）、アップセルなどである。本書ではこれらの活動をまとめて顧客価値の育成、あるいはもっと簡単に**価値の育成**と呼ぶことにする。

適切な顧客を見つける

サブスクリプションとは双方向の関係であり、また、顧客は似たような顧客ばかりではない。伝統的な物販モデルでは、商品を、その商品があまり合いそうにない客に売っても大きな問題ではなかった。返品が可能だが、返品する人はほとんどいなかった。

サブスクリプションモデルでは、顧客に顧客であり続けてもらうことが**非常に**重要である。顧客の獲得、維持にかかる費用の元をとるには何度もの契約更新が必要なことを思い出してほしい。

多くの見込み客を集めることより、自社の商品、サービスに満足し、ロイヤリティの高い顧客になってくれそうな見込み客を引きつけることを考えなければならない。これは、見込み客を「見つけ出した」ときのワクワク感を味わうのはあきらめ、的を絞って見込み客を創造するということである。

いつまでも顧客でいてくれる最高の新規顧客を見つけるには、まず、自社の商品、サービスに最も満足している顧客の行動をよく観察する。それから、彼らのような顧客を引きつけるには、これまでのマーケティングのやり方をどう変えればよいか考える。

- どの市場、どの顧客層に自社の商品、サービスを提供するのがよいか明確にする。
- 見込み客がカスタマージャーニーのどの段階にいるか見極める。
- 顧客が認知から長期的成功へと進んでいくカスタマージャーニーの各段階で、コンテンツやサポートを提供する。

サブスクリプションモデルにおけるカスタマージャーニーでは、マーケティングとカスタマーサクセスは一体となるのだ。

5 価値の育成

ゴルフの初心者はフォロースルー〔クラブのヘッドがボールに当たった瞬間からフィニッシュまでの動作〕も含めたスイング**全体**の練習をするよう教えられる。フォロースルーがボールの行方を左右するからだ。

価値の育成はマーケティングと営業にとってのフォロースルーのようなものであり、これを行うことで、顧客はあなたの望む方向へ進んでいく。

最初の契約をとりつけるには、まず、**ソートリーダーシップ**〔主張や理念を掲げ、それに対して社会や客から共感を得ること〕や集客活動によって見込み客を見つけ出す。そして、顧客の育成を図り、自社の商品、サービスからどのような価値を得ることができるか知ってもらう。こうした活動がうまくいけば、見込み客が顧客に変わる。**価値の育成**は顧客を獲得するためのフォロースルーである。

価値の育成とは、顧客の価値体験をサポートすることである。

契約が結ばれると、他の部署の出番になる。だが、マーケティングチームはまだ重要な役割を担っている。契約が期待通りの成果につながるよう顧客を導くのである。自社のサブスクリプションサービスに満足していることを顧客にそれとなく**認識させる**ことも必要かもしれない。そして、創造的なマーケターはコンテンツ、コミュニティ、新サービス、質の高い関係などを通じて、商品、サービス**以外**のところで価値を高めていく。

価値の育成によって顧客はロイヤリティの高い顧客、あるいはリピート客に変わり、満足のいく結果を得た顧客は商品を他者に勧めるようになる。

既存の顧客に対してマーケティングを行うという考え方は、何ら新しいものではない。わかりきったことを述べているように思われるかもしれない。しかし、周囲の会社を見ていてよく感じるのは、顧客が無視されているということだ。「既存顧客向けマーケティング」などパッとしない話であり創造的で目を引くキャンペーンは実現しようが**ない**、と決めつけている大企業の人の話を聞いたことがある。このような考え方は改めなければならない。

サブスクリプションの顧客はマーケティングの対象にされてしかるべきである。したがって、顧客向けのマーケティング活動を、見込み客の創出、見込み客の育成と同じくらい重要性が高いものとして、**価値の育成**と呼ぶことにする。

企業の活動の多くがこの範疇に入るだろう。

- **カスタマーサクセス管理**……カスタマーサクセス管理は現在、サポートや営業関連の部署が担当し、マーケティングはほとんど関わっていない。だが、カスタマーサクセス活動を何万人もの顧客を対象に進めていくには、マーケティング・キャンペーンが必要になる。価値の育成とは、大規模なカスタマーサクセスである。
- **顧客の維持**……企業は離脱しそうな顧客を見つけてとどまるよう説得し、顧客の維持を図る。顧客の維持という言葉は価値を創造するのではなく、問題を解決するような場合に使われることが多い。
- **アップセル、クロスセル**……価値の育成に成功すると、アップセル、クロスセルという成果につながる。**売ること**を価値の創造と考えるのは誤りである。

見込み客の創出、見込み客の育成、契約と続き、その次の段階で行われる活動が価値の育成である。サブスクリプション・マーケティングではそれが当然の流れである。

Value（**価値**）という語は本来あいまいだが、そのあいまいさがここでは活きている。この語の一般的な使い方を見てみよう。

1. Value（**動詞**）……を重んじる、評価する（I was too young that time to value her, but now I know her. あのときの私は幼くて彼女の大切さがわからなかった、でも今ならわかります。シェイクスピア）
2. Value（**名詞**）相対的な価値、重要性（What's the value of this painting? この絵にはどれくらいの価値がありますか）
3. Value（**名詞**）行動の原則、基準（Your habits become your values, your values become your destiny. あなたの習慣があなたの価値観となり、あなたの価値観があなたの運命となる。ガンジー）

顧客はサブスクリプションサービスの利用を決めたのは合理的で賢明な判断だったと信じているが、価値の育成によって顧客のその思いを一段と強いものにすることができる。また、自社のサービス、商品の相対的な価値に対する顧客の認識も高められていく。つまり、定義1、2の意味での価値が高まるわけである。

そして、もう1つ忘れてはならないのは、顧客の個人的な価値観（定義3）に合う商品、サービスの提供である。多くの顧客が基本的価値観を共有できる企業と取り引きをしたいと考えている。これが、社会問題や環境問題への取り組みを示す、明確な目標を掲げたマーケティングの広がりにつながっている。

この3番目の価値、つまり主義や理想が同じであることが、サブスクリプション・エコノミーではとくに重要だ。顧客と会社との関係はこの先も続いていくからである。

だれにとっての価値なのか

価値の育成を**顧客生涯価値（LTV）**のような金銭的指標でついとらえてみたくなることがある。この顧客は最終的にどれだけのお金を会社にもたらしてくれるのか。それを最大化するにはどうすればよいのか。

もちろん、売り上げを伸ばすことが最終的には求められている。しかし、既存の顧客からより多くのお金を得るつもりで価値の育成を行うのは間違いだろう。アップセルで失敗をした経験がだれにも1度はある。それが顧客との関係を損なうことはよくわかっているはずだ。

よい関係ではなくお金を求めて近づいていくと、顧客はそれを敏感に感じとる。

もう1つの指標、**顧客経済価値（EVC）**について考えてみよう。エコノミストは、顧客がある商品、サービスに対して支払ってもよいと考える金額の上限という意味でこの語を使う。EVCは、顧客が得る**有形、無形**の価値の合計である。

サブスクリプションの顧客にとって、EVCは更新コストを上回るものでなければならない。マーケターの仕事は顧客が経験を通じて得る価値を高めることである。

価値の育成とは、顧客からお金を搾りとることではなく、顧客の**知覚価値**（消費者が品質や費用を考慮して下す、製品に対する総合的な価値判断）を高めることである。顧客をうまく満足させることができれば、その分、ビジネスも長期にわたってうまくいく。

価値の育成がうまく行われると、必然的に収益は拡大する。

エコノミストは何と言うかわからないが、認知科学によると、サブスクリプションというビジネスモデルには顧客を満足させる要素がもともと備わっている。

お金を払うとき、私たちは少し苦痛を感じる。損をするのはいやなものだが、お金を払うと損をしたような気になる（だれもお金を手放したくはないのだ）。サブスクリプションなら、買い物をするかしないか何度も判断する必要がなく、サービスを利用することを1

度決めればそれでよい。

また、支払いという苦痛を体験してしまえば、あとは手にしたものを存分に楽しむことも認知科学でわかっている。エリザベス・ダンとマイケル・ノートンは『「幸せをお金で買う」5つの授業』（古川奈々子訳、KADOKAWA、2014年）で、先払いをしてあとで消費すると多くの喜びが得られる、と述べている（すべて込みの旅行代金を支払えば、あとは一瞬一瞬を楽しむだけだ）。

先に支払いをするサブスクリプションなら、長く楽しみ続けることができる。価値の育成とは、購入後の価値の経験を設計し、最適化することだ。これは消費者の幸福の追求であり、創造的に取り組むと大いに楽しめる作業だろう。

価値育成のための5つの方法

Value（価値） という語にいくつもの意味があるように、価値を育成するには少なくとも5つの方法がある。

▼①顧客が満足感を得るのを助ける

人がサブスクリプションサービスを利用するのには理由がある。その方が安上がりだ、便利だと考えているのかもしれない。楽しそうに思えるのかもしれない。個人で利用するにせよ、企業が利用するにせよ、何らかの価値が得られるものと期待して申し込みをする。

価値の育成とは、飾らず単純に言うなら、マーケティングを通して会社が顧客にそれとなく約束したことを実行し、顧客が期待通りの価値を享受できるよう助けることである。

これを実行するには、他の部署とも協力して**カスタマーサクセス管理**を進めることになるだろう。賢明なマーケターは契約後の顧客のあらゆる会話と経験に関心をもっている。

▼②価値の実証

顧客が成功を収め始めたら、マーケターは彼らが価値を実現していることをそっとわからせるとよい。これには、それとなく伝える、その顧客のデータを届けるなどの方法がある。これを行うのは、顧客の心のなかで（有形、無形の）価値の経験を強化するためだ。

▼③価値の創造

創造的なマーケティングチームは商品、サービスの利点を伝えて終わりというようなことはしない。コンテンツやコミュニティ、データを使って価値を高める。

▼④顧客との関係を通した価値の創造

サブスクリプションビジネスで成功を収めるには、顧客と長期的関係を築くことが必要だ。顧客との関係に注意を向け、それを育てていくのはマーケティングチームである。そのための戦略は、「恋のアドバイス」のようなものでなければならない。顧客があなたとの取り引きを好きになってくれるような方法を見つけるのだ。

▼⑤価値観の共有

サブスクリプションベースのビジネスをする企業にとって、業績を上げるには顧客ロイヤリティが非常に重要だ。正攻法が長い目で見ればよい結果につながるだろう。顧客と価値観を共有することができれば、顧客との長期的な絆が生まれる。これからの時代はパーパス・ドリブン・マーケティング（目標主導型マーケティング。社会的目的に向かって企業と顧客が協力し、その関係から長期的利益を得るという考え方）が効果を高めていくだろう。

進路を定める

PART2では価値育成のためのさまざまなアイデアを紹介する。

マーケティングチームだけで取り組めるものもあれば、部門の垣根を越えた協力が必要なものもある。その中のいくつかはすぐに取り組むことのできる簡単なものだが、本腰を入れなければならないものもわずかながらある。

それらの戦略を使って何をするかはあなた次第だ。すでに取り組んでいるものもあるだろう。しかし、それらを**価値の育成**としてとらえ直すことで、新しい考え方が生まれるかもしれない。すでにいくつか実行している人は、さらに多くのものを取り入れてほしい。顧客ロイヤリティが飽和点に達したりはしないだろう。

PART2の最後の章では無料お試し《フリートライアル》について述べる。無料お試しは、見込み客の育成が終わって価値の育成が始まる重要なポイントだ。お試しサービスはカスタマーエクスペリエンスを高めるものにしなければならない。

実例としてとりあげたのは、サブスクリプションモデルを採用する企業だけではない。あらゆるタイプの事例を紹介した。コカ・コーラのような消費者向け商品を販売する企業も、レディ・ガガのようなロックスターも、顧客ロイヤリティを維持することの重要性を同じように認識している。マーケターは実に多くの人々から学ぶことができる。

あなたの業界以外の企業にも目を向けてほしい。あなたの会社の事業がB2Bであるならば、消費者市場での事例を注意深く読むことをおすすめしたい。競合他社の向こう側に視野を広げ、先入観にとらわれなければ、多くを学べるはずだ。マーケティングをめぐる環境がめまぐるしく変化する現在、居心地のよいいつもの場所から抜けでると、よい結果が得られるだろう。

PART 2 価値育成のための戦略

6 カスタマーローンチプランを作成する

マーケターにとって順調な滑り出しほどすばらしいものはない。新製品の発売、会社の創業、本の出版――何であれすばらしい。何かを世に送り出すと達成感が生まれ、パーティを開く口実もできる。

注目を浴びながら華々しいスタートを切ると、興奮のあまり、周囲で起きている多数の小さな、しかし重要なできごとを放置してしまう――顧客として新たにスタートする人々のことを忘れてしまうのだ。初期の対応のまずさが積もり積もると、どんな発表イベントよりも大きな影響を会社に及ぼす。

手軽な価値の育成法を探している人には、この戦略がよいだろう。顧客が顧客となったのには**何らかの**理由がある。顧客が失速してその理由を忘れないうちに、成功へと導くための策を施すのだ。

顧客のためのローンチプランの作成はほぼすべての企業にとって意味があり、サブスクリプションモデルの企業にも伝統的モデルの企業にも同じように役立つ。カスタマーローンチプランを作成**しない**理由は見当たらない。しかも、今すぐ実行すべき大きな心理的理由がある。

ローンチプランは、顧客ができるだけ早くあなたの提供する商品、サービスを利用して、その価値を理解するようなものにしなければならない。人は**確証バイアス**、つまり、自分の下した判断が正しかったことを示す証拠を集めようとする傾向がある。早い時期に期待通りの価値を得ると、その証拠を提示できる。

私たちは何かを選択すると、その選択の正しさを裏づけるものをすぐに探し始める。行動経済学者のリチャード・セイラーが著書『行動経済学の逆襲』（遠藤真美訳、早川書房、2016年）で述べているように、「人は仮説を支持する証拠だけを探し、反証する証拠を探そうとしない傾向がある」。

顧客は自分がサブスクリプションを選択したことを支持する経験を求めている。早い時期にその選択が正しかったという証拠を顧客に示すことが大切だ。

オンボーディング（新規顧客に手ほどきを行い、商品、サービスに慣れさせるプロセス）、あるいは、最初の手厚い対応が非常に重要な理由はここにある。これによって顧客は、サブスクリプションサービスの利用が賢明な判断だったことを確認する。判断を下すのは簡単なことではなく、その判断が正しかったかどうか何度も分析するようなことはしたくない。サービスを利用してみて満足がいけば、たぶん、利用し続けるだろう。

スタート時のバリアを減らす

経常収益管理やカスタマーサクセス管理のソリューションを提供するサービスソース(ServiceSource)によれば、新規顧客には90／10の法則が当てはまる。顧客が製品を90日以内に使い始めなければ、ロイヤリティの高い顧客になる可能性は10％にとどまるというのである。この数字はテクノロジー関連のソリューションによく当てはまるのかもしれないが、ほぼすべてのサブスクリプションについて同じようなことが言えるだろう。商品を使わないまま放っておくと、なぜ利用すると決めたのか、記憶が薄れていくかもしれない。

ローンチプランとして、まず、動画などの有用なリソースにリンクするメールを何通か送ることが考えられる。メールを送信するなら、顧客の事前承諾が必要だ。メール、業務処理、ちょっとしたコミュニケーション。何をするにせよ、それをすべて、あなたの会社のサービスを選択したのは正しかったと思わせるためのチャンスにしなければならない。

なぜアップルは商品のパッケージデザインにあれほど多額の資金を投じるのかと思ったことはないだろうか。箱を開けた瞬間、あなたは自分が何か特別なものを使っているのだと感じる。そして、さらに体験を重ねていこうという気持ちが生まれる。

商品を箱に詰めて送る会社ばかりではないが、最初が肝心という点では同じだ。包装を解いた顧客がどのような経験をするのか、細かい点まで注意を払わなければならない。

カスタマージャーニーは契約を結んだ時点で終わるのではない。少なくとも顧客の立場からいえば、おもしろいのはここからだ。

価値の育成は、1つひとつのことをきちんと整えるところから始めるのもよいだろう。たとえば、アプリやメール配信サービスの申し込みをすると、必ずこんなメッセージがでてくる。「確認リンクが記載されたメールが送信されます」。アメリカではスパム関連の規制に基づいて、2度の承諾で登録が完了するダブルオプトインが採用されている。こうすることで企業は、サービスの登録者が入力されたメールアドレスと無関係の人物ではないことを確認できる。

このような確認メールを顧客はどう見ているだろう。メールのトーンやスタイルはどうか。顧客は何の問題もなく登録できるだろうか。確認リンクをクリックした顧客を次はどこに導けばよいのか。顧客が最初に期待しているのは何だろう。

顧客に正しい印象を与え、次のステップに問題なく導けるよう、セットアップをする顧客と同じプロセスをたどって1つひとつ確認してみる必要がある。

ウェルカムメール

気の利いたウェルカムメールを送るという簡単なローンチプランもあるだろう。ウェルカムメールは重要だ。

正直に言おう。私はもののはずみでアプリの申し込みをして、まったく利用しないことがある。サインアップしたことさえ忘れてしまうかもしれない。こんなときよく考えられたウェルカムメールがあれば大助かりだ。

私はプレゼン用のアプリ、ハイクデック（Haiku Deck）のアカウントを入手した。プレゼンの予定があったわけではなく、使う必要が生じたのは何カ月もたってからだった。受信メールのなかからウェルカムメールを探しだすと記憶がよみがえり、次のような情報を参考に作業を進めることができた。

- ログインの仕方（パスワードを忘れたときの再設定の仕方）。
- 操作法など、スタート時に必要なものへのリンク。
- よくある質問へのリンク。

さらにうれしいのは、メールが会話調で親しみが感じられ、サインアップした理由を思い出せたことである。申し込みはしたもののすぐには利用しない（私のような）人にとってウェルカムメールは大いに役立つ。

すばらしいウェルカムメールの例をもう1つ挙げるとすれば、バッファー（Buffer）である。バッファーはＳＮＳへの予約投稿サービスを提供している。バッファーの「オーサム」プランを申し込むと、すぐにメールが2通届いた。

1通は同社の共同創立者兼ＣＥＯのジョエル・ガスコーニュのアカウントから送信されていた。歓迎の意を伝えるもので、これから関係を築いていくのにふさわしい親しみのもてる口調だった。彼は、**いつでもキャンセルできる**とも述べていた。申し込んだばかりの人にこんなことを伝える会社はあまりない。これを読んでバッファーに対する私の信頼度が少し上がった。

もう1通は領収書だった。しかし、バッファーはここにも楽しさ、親しみという要素を加え、保養地で過ごす社員の写真が添えられている。このメールはこう結ばれていた。「私たちはあなたに大きな価値を届けられるよう、日々全力を尽くします」

サブスクリプションのマーケティングについて私が述べたことを覚えておいでだろうか。信頼を得、価値を育成する。バッファーは2通のメールでこの2点を明確に打ち出していた。見事と言うしかない。

ローンチプランは、メールを自動送信してオンラインでオンボーディングを進めればよいというものではない。親しみが最高の歓迎ということもある。最先端技術を駆使したソリューションを提供しているなら、なおのこと、メールや電話、手書きのメッセージによって個人的なつながりを築いていくとよいかもしれない。

自動オンボーディングプログラム

顧客があなたの提供するソリューションを使って何をしているか、顧客が順調に滑り出したか。技術のおかげで今はこれを確認することができる。多数の顧客を抱えているなら、顧客の利用状況、定着状況を自動的に追う方法を見つけるとよい。顧客がうまくいっていないようなら、コンタクトをとって、助けが必要かどうか確かめる。

オンボーディングのプロセスは、会社の内外の人とともに慎重にテストしなければならない。

オンボーディングのよい例、悪い例を知りたければ、サミュエル・ヒューリックのサイト（useronboard.com）の「teardowns」をチェックするとよい。きっと何かを学び、新たな視点から自社のオンボーディングプロセスをとらえることができるはずだ。

7 早期の成功をめざす

最高級レストランの経営はリピート客と口コミのおかげで成り立っている。レストランでの料理を含めたすべての経験が投資に見合うと客が思わなければ、ビジネスは成功しない。

カリフォルニア州ヨントヴィルにあるザ・フレンチ・ランドリーほど高い評価を受けているレストランは、アメリカではほとんど見当たらない。ミシュランの三ツ星を獲得し、予約は数カ月待ちである。

待ちに待った日がやってきて店内に入ると、用意されているのはコースメニュー（いや、ザ・**フレンチ**・ランドリーだから、プリ・フィックス）。「ここで食事をしたと言えば友人にすごいと言われる」この有名店では、どんなもてなしを受けられるのだろう。スタッフはアイスクリームコーンのような小さなアペタイザー（前菜）を渡してくれる。軽い歯ざわりのコーンのなかにスモークサーモンとサワークリームが入っている。

私はザ・フレンチ・ランドリーに行ったことはない（**まだ**ない、という意味――私は楽観主義なもので）。だが、シェフのトーマス・ケラーがこの有名なサーモンコーンについて語るのを聞いたことがある。彼は、このコーンがコースの最も重要なパートの1つだと言う。思いがけない、一風変わったアペタイザーは2つの役割を果たしている。

1. これは、だれもが憧れる有名店ということで気後れしているかもしれない客に対する歓迎のあいさつである。緊張をほぐすには、アイスクリームコーンのような一品をだすのがいちばんだ。
2. コースの初めのアペタイザーは人々が慣れ親しんだ味にする。ケラーが言うように、これはだれもが以前から知っている味（サーモンとサワークリーム）である。だから、たいてい気に入ってくれる。

マーケティングという観点からとらえると、これはコーンに入ったカスタマーローンチプランだ。親しみの感じられる演出で客との関係を確立し、客の期待に応えるのである。あなたが提供する商品、サービスを活かして、早い段階で顧客を満足させるにはどのようにすればよいか考えてほしい。

動画を活用する

あなたの提供する商品、サービスが直感的に使えるものでないなら、顧客ができるだけ苦労せず、すぐに使いこなせるよう手を打たなければならない。

こんなとき役立つのが動画である。普通、やり方は口で説明するより、**やって見せる**方が簡単だ。動画なら本人の都合のよいときに見られる。比較的使い方の簡単なものでも、何かずっと気になっていた疑問点があれば、動画ですぐに解決できる。

カーシェアリングサービスのジップカー(Zipcar)は、「運転助手」が登場し、利用に関する基本的事項、予約の延長の仕方、ガソリンの補充、車の返し方について説明する短い動画

● ザ・フレンチ・ランドリーのサーモンコーン

Photo: Arnold Gatilao/Flickr

を何本か用意している。どれも長さは数分で、新会員の疑問を解いてくれる。

ソリューションにガイダンス機能を組み込む

どんなに簡単に使える商品、サービスでも学習は必要である。マーケターは顧客の学習が順調に進み、苦労せずに使いこなして成果が上がるよう助けなければならない。

ソフトウェアを顧客に提供しているのなら、利用者の学習のために利用ガイドやポップアップヘルプを組み込むのもよいだろう。

企業向けコミュニケーションツールのスラック（Slack）を提供するスラック・テクノロジーズは、カスタマーエクスペリエンスに極端なまでにこだわり、「企業向けソフトウェア」に対する認識を変えた。開発メンバーは早い時期から、ユーザーがすぐにうまく使いこなせるかどうかがスラックの普及の鍵であることを理解していた。コミュニケーションツールといいながらチームのなかで使っているのが1人だけでは、何の役にも立たない。

スラック・テクノロジーズのCEO、スチュワート・バターフィールドはRe/Codeポッドキャストのカラ・スウィッシャーとのインタビューで、カスタマーサクセスが同社の主要な目標であると述べている。「私たちは新しい顧客体験を提供することに全力を注いだ。それが違いを生みだしたのだと思う」

この考え方は最初のログインの方法にまで及んでいる。通常のパスワードによる確認法を使うのではなく、スラックは新規ユーザーに「マジックリンク」を送る。これによって最初のログインがとても簡単になる。そのあと陽気なスラックボットが登場してサポートし、状況に応じた選択肢やアドバイス、そして励ましをくれる。

しかし、やりすぎはよくない。以前、マイクロソフトのOfficeにゼムクリップのような形をしたクリッパーというアシスタントがいたのを覚えているだろうか。哀れな話だが、世界中のマイクロソフトユーザーがクリッパーを邪魔者扱いした。アシストとお節介は微妙に違う。簡単に機能を停止できるようにすることが必要だ。

ボット（自動化されたタスクを実行するアプリケーション）を作る必要はない。ヒントやアドバイスを組み入れて、最初の数回、ポップアップさせればよいだろう。あるいは、登録当初だけ、週に1度メールでさまざまなアドバイスを送るのも1つのやり方だ。

顧客を導く

サインアップ後、早期の成功をめざして顧客を導くと、カスタマーサクセスの領域に入っていくことが多い。そこで、カスタマーサクセスのエバンジェリストであるリンカーン・マーフィーのこんなアドバイスを紹介しよう。大勢の顧客を成功させるには、3つの主要なステップがある。

1. 自社の商品、サービスによく合う顧客を見つける。
2. それらの顧客が**どのような結果を望んでいるか**を理解する。
3. それを実現するための計画を立てる。

（もっと詳しく知りたければ、マーフィーのサイト（sixteenventures.com）を訪れるか、彼の著書『カスタマーサクセス』（バーチャレクス・コンサルティング訳、英治出版、2018年）を読んでほしい）

商品、サービスの複雑さにもよるが、顧客を定着させるまでには、いくつかの段階がある。その段階をすべて経た顧客は期待通りのものを得ることができるだろう。

顧客をセグメント化すれば、それぞれの顧客をどの方法で導いていくか自動的に割り振ることができる。顧客がどの道を進むべきか不確かなときは、本人の目的に合った「スタートアッププラン」を提供すればよい。トレーニングやチェックリストも用意し、必要なら個人的にサポートする。

新規の顧客がうまくスタートを切れるよう計らうと、彼らは長い間、商品、サービスを利用してくれるだろう。

8 顧客の習慣作りを助ける

あなたの提供する商品、サービスが顧客の行動の変化を必要とするものであるなら、それは、顧客がその影響を受けて新しい習慣を身につけていくということである。

スタンフォード大学、パースウェイシブ・テクノロジー研究所所長のB・J・フォッグは、テクノロジーを使って人の行動を変える研究をしている。フォッグの説明によると、フォッグ・メソッドは3つのステップから成る。

1. どのような行動を自然にとるようになりたいかを明確にする。
2. その最終的な目標を達成するための小さな1歩としてどんな行動をとるかを決める。ちょっとしたことでよい。簡単な行動ほど、習慣化しやすい。
3. 何らかのサインや環境の変化を合図にこの行動を起こす。

テクノロジーはこうした行動の「引き金《トリガー》」、あるいは行動を促すものとして、習慣作りの手助けをすることができる。とはいえ、行動には頑固なところがある。あなたのソリューションがどれほどすばらしいものであっても、ユーザーはすぐに従来のやり方を変えるはずなどと考えてはならない。

新規顧客の習慣形成

瞑想はエクササイズと同じで、毎日時間をとってやるとなるとむずかしい。瞑想アプリを提供するヘッドスペース（Headspace）にとって、ユーザーにアプリの使い方を説明するのは何でもない。むずかしいのは、彼らに時間をとって定期的に瞑想をさせることだ。

ヘッドスペースは見込み客に瞑想の習慣をつけてもらうため、10日間の無料コースを提供している。1回10分のプログラムで、「テイク・テン」と呼ばれている。申し込みをするとウェルカムメールが届く。使い方の説明があり、有用なサイトへのリンクも可能で、10日間やり通すよう励ましてくれる。そして最後に、有料のサブスクリプションや他の瞑想コースを利用してこれからも続けていくよう伝えている。リマインダー（予定を忘れないよう、設定した時刻に通知する機能）を利用する、あるいは、瞑想仲間を得ることも可能である。

リマインダーをどうするかは微妙な問題だ。マインドフルネスと安らぎを広げる会社としては、ユーザーをいらだたせるようなことはしたくないからである。瞑想を始めた人々を導き、リマインダーの利用や仲間同士のサポートを可能にするなどして、ヘッドスペースは人々の習慣形成に影響力を及ぼしている。

ゲームの手法を採り入れて習慣形成を促す

新たな習慣を身につけるとき、競争の要素を少し採り入れると意欲を高めることができる。フィットネストラッカー（運動量や睡眠の質などを自動計測するウェアラブルデバイス）が他の利用者とのデータの比較を可能にし、ゲームのような競う要素を加えているのはこのためである。ゲーミフィケーションによってゲームとは関係のないものに伝統的ゲームの要素（ポイントやバッジ、競争）を組み入れて、もっと楽しめるものにしたり、習慣作りに役立てたりする動きが進んでいる。

私は何年もの間、3人の友人と自動車の相乗りをしてサンフランシスコまでコーラスの練習に通っていた。シリコンバレーの住人である私たちはウェイズ（Waze）のようなカーナビアプリを大いに頼りにしていた。渋滞で動けなくなったとき、あるいはサンフランシスコの裏通りを何度も曲がりながら進むとき、どこまで来たかを確かめ、刻々と変わる到着時間をチェックした。そして、車の流れが悪くなったり事故を目撃したりすると報告をした。ウェイズのユーザーは事故の報告をするとポイントがもらえる。ポイントを集めると、最終的に「忍者」ステータスを獲得できる。

ウェイズ（現在はグーグルの傘下にある）はリアルタイムの報告をしてくれるユーザーがいることによって、全ユーザーにより豊かで価値のあるデータを提供できる。**ネットワーク効果**が発揮されているわけで、報告者が増えるたびにアプリの価値が増す。ポイントの付与はアプリの利用を促し、より多くの情報提供と高いロイヤリティにつながった。

ゲーミフィケーションによって渋滞時の通勤体験をもっとよいものにできるなら、それはすばらしいことだ。

価値の育成という観点からはこう言えるだろう。競争やゲームの要素を加えると商品、サービスの利用が高まり、顧客にその価値をすぐに認識させることができる。

9 トレーニングプログラムを提供する

企業向けソフトウェアのようなソリューションが長期にわたって利用されるには、ユーザーが専門的知識を身につけることが必要だろう。ユーザーが学習というハードルを越えない限り、ソリューションは受け入れられない。効果的で利用しやすい学習法の提供が求められる。

マーケティングチームにとってトレーニングプログラムはユーザーに価値を認識させる絶好の機会である。顧客経済価値（ＥＶＣ）とは顧客が認める有形、無形の価値の合計であると先に述べた。複雑な製品の場合、効果的な研修を行えば、間違いなくその有形価値が高まる。

おもしろいことに、効果的研修は**心理的**価値、つまり無形の価値にも影響を及ぼすことができる。時間と労力を学習に注ぎ込むユーザーはその製品に強い関心をもつようになるからである。

研修がすばらしければ、ロイヤリティの高いユーザーが増えるだろう。

ユーザーのニーズに合った研修

研修はユーザーのニーズに合った形で行い、学習量についても考慮しなければならない。たとえば企業向けソフトウェアの場合、管理者やパワーユーザーは徹底した研修を求めるだろうが、それ以外の人は動画が数本あれば間に合う。必要なときすぐに利用できる実用的な短い研修用動画を何本か作成するとよいだろう。また、ライブのウェビナー（オンラインセミナー）を開催するのなら、終了後、時間の都合がつかなかった人のためにその録画を公開するとよい。

オンデマンド学習はさまざまな形で行われている。ユーザーも多数の選択肢を期待しているだろう。研修は動画、ポッドキャスト、テキストなど、多様な方法で行わなければならない。インタラクティブ性のある学習形態にするなら、学習管理システム（eラーニングの実施に必要な機能を搭載したプラットフォーム）の導入を検討してみるとよい。

認定証によって価値を高める

深く学んだ人に認定証を発行すると、研修の影響力が増す。

認定証はユーザーのスキルの高さを証明するものであり、そのソリューションがそのユーザーのスキルセットのなかで一段と価値の高いものとなる。アップル、ＩＢＭ、グーグル、ハブスポットなど、テクノロジー業界の多数のリーダーが認定資格プログラムを用意している。認定を受けた人が、とくに転職者の多い業界で、自社製品の強力な支持者となってくれることを企業は知っているのである。

10 顧客のストーリーを共有する

企業はよく顧客の事例や成功談を紹介して見込み客の育成を図る。マーケターがこうしたストーリーを好むのは、**社会的証明**——他の人がこれをやっているのだから、きっと価値のあることに違いないと考える心理——として極めて重要だからである。

顧客のストーリーはまた、価値の育成という点でも大きな役割を果たす。顧客の体験談をすでに用意しているなら、それを既存顧客が感じとる**無形の価値**を高めるために利用するとよい。

顧客とストーリーを共有する

マーケティングチームは既存の顧客に体験談を語ってくれるよう依頼をするが、彼らが体験談を**聞きたい**と思っていることは忘れがちである。ストーリーは、他の人がどのようにして成功を収めたかを雄弁に物語る。ストーリーによって顧客は自分が今どんな恩恵を受けているかを改めて認識するかもしれない。もっと商品、サービスを活用しようという気になることだって考えられる。

潜在顧客を引き寄せ、見込み客を創出するために、すでにストーリーは用意されているだろう。それを顧客に届けるのだから、それほど手間はかからない。すでにあるコンテンツを利用するこの戦略は、価値育成の無料お試しと考えてほしい。

- 契約を済ませた顧客に適切なストーリーを届ける。
- 新しい体験談を公開するときは、既存顧客にも届ける。
- 顧客に成功談や、商品、サービスの興味深い活用法を聞かせてくれるよう積極的に働きかける。

このような方法で価値の育成を図ると、顧客と会話を始めるよい機会になる。あなたの商品、サービスを使っておもしろいことをし、それを人に伝えたいと思っている顧客が見つかるかもしれない。

私はディスカウントの倉庫店、コストコの会員で、毎月『コストコ・コネクションズ』という雑誌が送られてくる。雑誌では小さな会員業者が多数紹介されている。有用なコンテンツを提供し、加えて、会員とその活躍について伝える。顧客の紹介はサブスクリプションの価値を高めるよい方法である。

顧客にストーリーを語ってもらおう

何かの集まりの場、あるいは、ブログや顧客の紹介記事でもいい。だれかが立ち上がって自分のストーリーを語るとどうなるだろう。

自分の体験を堂々と伝える彼らは、あなたの会社の支持者となる。彼らはその体験を顧客としての成功ととらえ、自分のなかにとり込んでいる。あなたは彼らにそれを披露し、人の助けとなる機会を与えたのである。

ストーリーは、**アドボカシー・マーケティング**（短期的利益にとらわれず顧客の便益と信頼構築を優先し、長期的利益の獲得をめざすマーケティング手法）を進める、あるいは、ロイヤリティの高い顧客にあなたのために証言をしてもらう1つのやり方である。

伝統的なマーケティング方式で「顧客の成功談」を紹介するのではなく、顧客に自分の言葉で語ってもらうにはどうすればよいだろう。

カスタマーサービスのソフトウェアを提供するゼンデスク（Zendesk）のブログには「ストーリー・ルーム」というタグのついた投稿が多数ある。これは顧客が自分の体験について述べたもので、インタビュー形式のものもあれば、直接投稿されたものもある。

これに似たようなことが何かできないだろうか。

ブログで顧客の声を紹介する、顧客専用ページを設けて体験を語り合ってもらう。オンラインコミュニティ、ソーシャルメディアページのような簡単なものでもよい。顧客に体験を共有してもらうのだ。

11 価値を数値化する

どれほどの価値があるかを顧客に示すいちばんの早道は数値化することである。サブスクリプションの有形、無形の価値を数に置きかえてみるのだ。

スーパーマーケットはこのテクニックを使っている。地元のセーフウェイ（Safeway）（米国の大手スーパー）でロイヤリティカードを使って支払いをすると、レジ係が私に名前で呼びかけて、レシートを渡しながら、いくら節約できたか教えてくれる。ロイヤリティプログラムの会員であることに**私の場合**どれだけの価値があるのか、**即座に**評価されるのである（会員は店にデータを提供するので、会費は無料だ）。

私たちはデータに基づいて動く世界で生きている。あなたの会社もたぶん、さまざまな種類のデータを集めているだろう。それを使って顧客の価値体験をよりよいものにすることができないか考えてみよう。

顧客の利用データを使って価値を示す

活動量計はどれだけの距離を歩いたか教えてくれる。睡眠計は睡眠時間と睡眠の深さを記録する。公益事業会社はガス、電気、水の使用量がよその家に比べて多いか少ないかを報告してくれる。大半の人は、このようにして示されるデータに満足している。

あなたが集めている顧客の利用データは、無形の価値を高めるためのよい手段かもしれない。データは、サブスクリプションによってその顧客がどれくらいの利益を得たかがわかるような形で示すとよい。時間をどれだけ節約できたか、どれほど健康的な食事ができたか、何度ブログを更新したか。あなたのビジネスに合えばどんな形でもよい。

そんな報告はすでにしているという人もいるだろう。だが、すべての人が報告を読んでいるわけではない。時には読んでもらうための努力が必要である。

あなたの扱う商品、サービスがもたらす価値を金額で表すことができなければ、データの意味が正しく理解されるよう、あるいは興味深いものとなるよう、創造力を働かさなければならない。

企業の多くは顧客に「年末報告書《イヤーエンド・ラップアップ》」を送って、利用データを新しい視点からとらえられるようにしている。たとえば、私はライドシェアサービスを提供するリフト（Lyft）から報告書を受けとった。1年間の利用回数、走行距離などのデータが示され、「バッジ」を何個獲得したかもわかる（バッジはゲーミフィケーションの手法である）。これによって、リフトを利用したときのことが楽しく思い出され、改めてその価値を認識するのである。

価値を集約する

顧客ごとにカスタマイズしたデータを引き出すのはむずかしいだろう。場合によっては、カスタマイズしたデータが干渉と受けとられることもあるだろう。価値育成の鉄則の1つは、顧客に不快な思いをさせないことである。つきまとっているかのような印象を与えるのはよくない。

大手量販店ターゲット（Target）の話を覚えておいでだろうか。ターゲットは顧客の購入パターンから妊娠中の女性を特定して、ベビー用品のクーポンを送っていた。ところが、両親に妊娠したことを知らせていなかったティーンエイジャーにクーポンが届いたことからひと騒動起きた。あまりにすぐれたデータマイニングのアルゴリズムを使うと、顧客に敬遠されるかもしれない。

健康関連のデータは、とくにヘルスケアとは**無関係**の企業が提供すると、顧客にいやがられる可能性がある。

そんなときには、個人データではなく、顧客全体のデータを集約して使うほうが無難だろう。データの集約は、個人が一切特定されないよう、慎重に進めなければならない。

スレットメトリクス（ThreatMetrix）は、金融機関や企業を不正アクセスや詐欺から守るオンライン不正防止ソリューションを提供する会社である。世界中にネットワークを張り巡らして脅威を検知し不正を防止、その情報を視覚化してリアルタイムで提供している。アカウントなりすましや支払不正、虚偽の顧客登録などの詐欺行為を自社技術によって防止すると、それがどこで発生しそうになったものかを世界地図上に赤丸をつけて示すのだ。顧客名は明らかにされない。

この情報を共有すると、既存顧客にも、見込み客にも価値を示すことができる。また、サイバー犯罪に関する四半期レポートの公開も行っている。

データを提供すると、個人データにせよ、全体のデータにせよ、顧客に今後も顧客としてとどまるべき理由を認識させることができるだろう。そして、たぶん、あなたの提供する商品、サービスをもっと利用しようという気持ちにもなってくれるはずだ。

12 成功を祝う

私が最初に就職したスタートアップ企業には社員が少ししかいなかった。営業担当のバイスプレジデントは机に小さなゴングを置いていた。契約がとれると、それを鳴らして皆に知らせるのだ。創業間もないころはオフィスが小さかったので、**全員**にその音が聞こえた。会社が成長しても、ゴングを鳴らす儀式は続いた。ゴングを合図にささやかな祝賀が始まり、皆がおめでとうと言い合った。

祝いごとがあると、長く険しい道も歩き通すことができる。

成長していく会社で、あなたは自分の売り上げや成果だけに目を向けるのではなく、何か祝うべき理由を見つけ出すとよい。会社の長期的成長を支えるのは**顧客**の成功である。あなたの提供する商品、サービスを使って顧客がより多くのことを成し遂げると、その分会社にとってもプラスである。顧客の成功をともに祝うということは、顧客に感謝し、関係の強化を図るということである。

あなたの提供する商品、サービスを利用して顧客が成功を収めたときは、その栄光を顧客のものとして称えよう。

経験に祝賀を組み入れる

場合によっては、商品、サービスのなかに祝賀を組み入れることができる。

メールチンプ（MailChimp）はメールマーケティングツールで、手早く手軽にメールを作成して配信するためのものである。初めてメールを送るときは緊張しながら送信ボタンを押すものだが、メールチンプはその緊張をときほぐしてくれる。チンパンジーの太い指が送信ボタンのあたりを行ったり来たりしているアニメーションが流れるのだ。そして、あなたがメールを送信した瞬間、チンパンジーの手が現れてあなたにハイタッチをしてくれる。

楽しくて人の心を引きつける演出である。だが、これは、メールを送信したあなたがメールマーケティングツールを使ううえで必要なことを1つ果たしたと認められたということでもある。メールチンプはあなたとともに祝っているのだ。

継続的利用を高く評価する

何かを売るときや値上げをするときしか顧客に連絡をしないような会社にはなりたくないだろう。

祝賀は、ロイヤリティの高い顧客や古くからの顧客と接するよい機会である――そうした顧客は苦情をもち込まないので、無視されがちである。利用データを調べて、客が収めた小さな勝利を探すとよい。

フィットビットは、ユーザーが何かを成し遂げたとき、バッジを送ってお祝いをする。一日の歩数が過去最高となった、あるいは、これまで歩いた総距離が一定の距離に達した場合などだ。「あなたはイタリアまでの距離を歩きました」「インドに到達しました」。ある日こんなメールがあなたのもとに送られてくるかもしれない。これは、あなたがフィットビットとともにどんな成功を収めたかを伝えるものである。フィットビットはその栄光をあなたのものとして、あなたとともに祝うのである。

個人宛てのメール

フリーのライターの多くは、本を出版するとき、アマゾンのさまざまなサービスを利用するが、私もその1人である。ペーパーバックなら、クリエイトスペース（CreateSpace）

のプリント・オン・デマンドサービス（客の注文に応じて何冊でも印刷、出荷するサービス）がある。

時折送られてくるニュースレターを除くと、クリエイトスペースから届くメールの大半は原稿や配送に関する業務連絡である。だから、私の著書『書くためのプロセス』（*The Writer's Process*：未邦訳）が2016年に自費出版された最高の本の1冊に挙げられたとき、お祝いのメッセージが届いたのには驚いた。クリエイトスペースチームのだれかがさらなる活躍を祈るメールを送ってくれたのだ。私は、単なる無名の顧客ではないのだと感じることができた。

祝う気持ちを伝えることが価値の育成にいかに有用かを示すよい例である。

13 コンテンツを通じて価値を創造する

創造的なマーケターは商品、サービスの提供にとどまらず、魅力あるコンテンツを通じて価値を高めていく。

マーケターはコンテンツの作成に長けている——それがマーケターの仕事だ。顧客に役立つコンテンツを用意して、サブスクリプションをいっそう充実したものにするとよい。コンテンツにはブログ、紙文書、eブック、ソーシャルメディアへの投稿、本、雑誌、画像、動画、ポッドキャストなど、さまざまな形がある。

デビッド・マーマン・スコットは著書『セールスとサービスの新たなルール』でこう述べている。

だれかが顧客としてサインアップしたら、適切なタイミングで情報を送る。すると、顧客は満足して契約を更新し、長期的な売り上げの伸びにつながる。また、満足した顧客はソーシャルネットワークで会社のことを盛んに宣伝してくれる。

コンテンツマーケティング戦略は契約前から推し進め、契約後も継続しなければならない。コンテンツを通じて価値を届け続けると、顧客を引きつけておくことができる。コンテンツはそれ自体が価値あるものでなければならない。単に商品の売り込みや自慢をするだけではいけないのだ。どうすれば顧客の役に立てるかを考える必要がある。

その参考になりそうなのが、ジェイ・ベール著『ユーティリティ』（*Youtility*：未邦訳）である。彼の基本的考え方は次の一節によく表れている。「何かを売ることは、今日の顧客を獲得することである。だれかを助けることは、一生の顧客を獲得することである」

デジタル版マガジン、印刷版マガジン

コンテンツを利用した価値の創造は古くから見られるマーケティング戦略で、企業による雑誌――紙媒体――の発行がそのよい例である。ＡＡＡ（アメリカ自動車協会）は自動車保険やロードサービスを提供するほか、会員向けの旅行雑誌『ヴァイア』を発行している。チャールズ・シュワブは投資関連の雑誌を顧客に送付している。顧客と接触する機会があまりない企業はコンテンツを利用してロイヤリティを高め、価値を増すとよい。

質の高い紙媒体の雑誌が原動力となって、コミュニティが拡大し支援体制が強化されることもある。『ファースト&ファステスト』は、インディアナ、イリノイ、ウィスコンシン地域の鉄道マニアが集まるショアライン都市間鉄道史協会の発行する季刊誌である。この雑誌が充実した内容で視覚的にも訴えるものであることは、アメリカ中西部以外の鉄道マニアも認めるところだ。雑誌には、通常の会費以上のお金を支払って発行を支える「支援会員」の長いリストが掲載されている。コンテンツマーケティングの専門家で『ファースト&ファステスト』の読者でもあるロジャー・C・パーカーはこう語る。「ターゲット市場に常に高品質なものを届けると、支援しようという人々が現れる」

紙媒体の雑誌を購読する人は依然多いものの、オンラインでのコンテンツ配布が増えている。多数の企業がオンラインハブを設け、文章、画像、音楽、動画などさまざまなメディアを活用したコンテンツの提供をしている。こうしたサイトは顧客にとって商品情報以上のものが得られる場となっている。

バーチボックス（Birchbox）は健康、美容関連商品のサンプルをカスタマイズして毎月届けるサービスを提供している。他社との差別化を図り、価値を高めるために、バーチボックスは健康と美容に関する情報を満載したオンラインマガジンを発行している。

そこには、利用者がサブスクリプションボックスから価値を最大限引き出すのに役立つ記事や動画が用意されている。だが、サブスクリプションボックス以外にも話題は及ぶ。シャツの裾がスカートやパンツから出てこないようにするにはどうすればよいか（答えは、テープを使う）を説明する記事があるかと思えば、作家へのインタビュー記事もある。

もう1つ、アドビの例を見てみよう。サブスクリプションモデルへの転換については先に述べたが、アドビは最高マーケティング責任者やマーケティングの専門家に情報を届けるサイト、CMO.comを運営している。

このサイトはマーケティングに関する有用な記事、ニュース、ポッドキャストを集める一方、トレンドや今後の見通しについて独自のコンテンツを提供している。「アドビ・マーケティング・クラウド」の売り込みをするのではなく、顧客

● バーチボックスのサブスクリプションボックス

Photo: Angie Six/Flickr

にとっても見込み客にとっても価値の高いコンテンツを届けるのである。このハブは、ブランドの知名度を高める、価値を育成するなど、マーケティング上のいくつもの目的を果たすのに役立っている。

ポッドキャストを利用する

最近はポッドキャスティングが人気だ。あまり多くの書き物をせずに定期的にコンテンツを作成したい人にはポッドキャスティングという選択がある。うれしいことに、ポッドキャストにはサブスクリプションモデルが組み込まれている。

エジソン・リサーチによると、ポッドキャストを聴いているアメリカ人の数は着実に増え、2015年から2016年までに23%増加した。周囲を見回してほしい。通勤時に見かける人やジムでヘッドフォンをつけている人はポッドキャストを聴いているのかもしれない。

ポッドキャストは顧客にも見込み客にも役に立つ。エジソン・リサーチとインタラクティブ・アドバタイジング・ビューローがポッドキャストのリスナー1000人を対象に調査したところ、3分の2近くの人がポッドキャストで話を聞いた商品やサービスの購入を検討すると答えた。

価値育成のための戦略としてポッドキャストを効果的に活用するには、有用、教育的、あるいは楽しい情報を提供するというコンテンツマーケティングの法則に従わなければならない。顧客の興味を引く人物にインタビューして、シリーズで届けるのはどうだろう。顧客の紹介をするという手もある。社内の専門家が顧客に影響を及ぼすトレンドについて語る、あるいは、業務改善に関するアドバイスをするのもよいだろう。

消費財関連企業、メディア企業、オラクルやIBMのような企業がポッドキャスティングを利用し、ポッドキャストの数は日ごとに増えている。もちろん、ポッドキャストですべての顧客とつながるのはむずかしい。顧客がポッドキャストを聴くのに充てることのできる時間は限られている。聴きたいと思わせることも必要だ。だが、聴くことの好きな顧客にとってポッドキャストは人とつながるよい方法で、すでに他の形で提供されているコンテンツを別の目的で利用するにも都合がよい。

すばらしいポッドキャストを聴いていると、直接会話を交わしているような気になる。リスナーは企業に親しみを覚え、関係の強化につながる。そのうえ、いったん録音してしまえば、ポッドキャストは「古びず」、いつまでも人々とつながることができる。

データを価値あるコンテンツに変える

オンラインビジネスを展開する企業の多くは大量のデータを集めている。そのデータは顧客にとって貴重なものかもしれない。

たとえば、ネットフリックスは、私の住む町でどの映画の人気が高いかを示すリストを公開している。そのデータを私と共有するのにほとんどコストはかからない。そうしたリストを利用してこれまで知らなかったような映画やテレビ番組を見つけることができれば、ネットフリックスの会員であることが私にとってより大きな意味をもつようになる。

ライドシェアサービスを提供するリフトは「ザ・リフティ・アワード」を発表している。これはリフトが客を送り届けた回数が最も多かったレストラン、ホテル、バス停・駅、観光地などを称えようというものだ。地方の部もあり、リフト利用者が最も頻繁に訪れたレストランやバー、イベント会場が都市ごとに発表される。これは、業務を通じて蓄積したデータに基づいて価値ある情報を提供する賢明なやり方である。

同様に、ウーバーも交通パターンに関するデータを日々集めているが、同社はそのデータを分析し、公共の利益のために提供している。個人を特定できないようにしたうえでデータを集約し、ウーバー・ムーブメントというサイトで公開。都市計画に携わる人々や地方行政の担当者、市民のデータ利用を可能にして、コミュニティに価値を届けている。

ビジネスモデルのパイオニアである同社は訴訟を起こされることもあるが、データを利用してコミュニティに価値を還元するというのはすばらしいアイデアである。

楽しいコンテンツを作成する

世間の注目を集めて客を引きつけるために、企業はよくユーモアを効かせる。オールド・スパイスの「男らしい香りをまとう（Smell Like a Man, Man）」と題するCMがある。このおかしな動画で成熟ブランドがまったく新しい購買層にアピールした。スーパーボウルの放送の合間に流れるCMで人を大いに楽しませてくれるものは、試合以上に話題になる。

ユーモアと楽しさは販売後も重要な役割を果たし、顧客や会員を引きつけておくのに役立つ。企業のなかにはつき合うのがとても楽しいところがある。そういう企業からメールが届くと、私はそれを開いてサイトを訪問する。楽しいとわかっているからだ。

男性用身だしなみ用品を扱うダラー・シェイブ・クラブ（Dollar Shave Club）はサブスクリプション

● オールド・スパイスはユーモアのある CM で話題となった

Old Spice | The Man Your Man Could Smell Like　www.youtube.com/watch?v=owGykVbfgUE

サービスの開始時にとてもおかしな動画を公開して話題になった。「うちの替え刃はスゴくイイ（Our Blades are F***ing Great）」。この動画で創業したばかりの同社は大いに注目を集めた。定期購入の申し込み後も少しきわどいユーモアは続く。商品と一緒に月刊ニュースレター『バスルーム・ミニッツ』が送られてくるが、このニュースレターには「人体で再生するのはどの部分か」というような記事が多数掲載されている。他のタイトルを挙げるのはここでは控えたい。

おもしろいということは、注目を集めるだけでなく、顧客との長期的関係を維持するのにも役立つ。

ユーモアに満ちたコンテンツを作成するのは、消費財関連の企業だけではない。アドビも「マーケティングとは何かを理解していますか」キャンペーンの一環として、マーケティング上の問題からロケットの発射が延期される、遊び心に満ちた動画を制作した。ユーモアは、あなたの会社の考えを表明するのにふさわしいものであるなら、多くの市場でうまく機能するはずだ。

残念ながら、人を笑わせるのは口で言うほど簡単なことではない。キャンペーンを打って、狙い通りそれを拡散させるなど無理な話である。だが、顧客とのやりとりのなかにユーモアや軽いタッチを加える余地を残しておくことはできる。サウスウエスト航空の客室乗務員は飛行機の非常用設備についてユーモアたっぷりに説明する。人を笑わせることができなければ、ほほ笑ませるようにすればよい。

キャシー・クロッツ・ゲストの『もううんざり!』(*Stop Boring Me!*:未邦訳)を読むと、何かひらめくかもしれない。この本は、即興コメディの原則をマーケティングに活かそうというものである。

14 コミュニティを作る

人々を意味のある形で結びつけるのは思いやりのある行動である。人を結びつける企業は顧客の生活の価値を高めることができる。競合他社はあなたの提供する商品、サービスをコピーすることはできるかもしれないが、あなたの作り上げたコミュニティをコピーするのはむずかしい。

企業は自社の商品、サービスを取り巻くコミュニティのパワーに気づき始めている。ソフトウェアベースのサブスクリプションの多くはコメント、シェア、メッセージなどの機能を取り入れて商品の社会的価値を高めることができるが、それが可能なサブスクリプションばかりではない。

商品にソーシャルネットワーク機能を簡単に組み込むことができなければ、ほかの場でコミュニティを作ることを考えればよい。

ソーシャルメディアを利用する

多数の企業が、フェイスブックやリンクトインのようなソーシャルメディアサイトで顧客の集うコミュニティを構築、運営している。顧客がこのようなサイトで時間を過ごすと、必ず人間関係が築かれる。

しかし、フェイスブックやリンクトインを利用した場合、そのプラットフォームがルールを変更したら、あなたのコミュニティもそれに従わなければならない。また、こうしたプラットフォームでは実にさまざまなことが起きているので、その騒ぎのなかであなたの会社はすっかり存在が薄れてしまうかもしれない。顧客のニュースフィードのなかで居場所を得るのがむずかしいことも考えられる。

認知度を高め、多くの顧客に参加してもらうには、もっとターゲットを絞ったプラットフォームで場所を得るのがよいかもしれない。ゴール・ドリブン（目標起点）のライティングツール、ザ・ライト・マージン（TheRightMargin）は、コミュニケーションツールのスラックを使って「ライターハングアウト」というライターのためのコミュニティを作り、育てることに成功した。

テクノロジー関連のスタートアップの多くは内部の連携のためにスラックを使う。ザ・ライト・マージンもその目的でスラックを利用し始め、やがて思いついたのが、ライターやユーザーのためのコミュニティを作ることだった。ライターハングアウトはすぐに成長し、だれもが参加できる活気のあるコミュニティとなった。

ザ・ライト・マージンはライターハングアウトに干渉しない立場をとり、会話に参加し励ましはするが、会話を支配したり、その流れを決めたりはしない。ザ・ライト・マージンのサブスクリプションの申し込みをすると、ライターハングアウトに招待するメールが送られてくる。

このコミュニティのおかげで創業間もないザ・ライト・マージンは早い時期に多数のライターと関わることができた。ライターハングアウトのスレッド（スラックの用語を使うなら「チャンネル」）の1つは、ザ・ライト・マージンのためのものだ。このチャンネルが商品担当者のためのヘルプデスクや相談役のような役割を果たしている。会社はここで商品の機能に関するアイデアを試し、ユーザーインターフェイスの変更について意見を求める。オンライン上のコミュニティで築いた人間関係を通して、人々が何を望み、何を求めているかをよりよく理解しようとしているのである。

このコミュニティは売り上げを伸ばしたり見込み客を見つけたりするためにあるのではない。ライターハングアウトの他のチャンネルでは、原稿の提出、却下、コンテスト、短編、本のマーケティングなど、ライターの関心のある話題がとりあげられている。多くの参加者はこのプラットフォーム内でダイレクトメッセージを使ってコミュニケーションをとり、人間関係を築いている。ライターハングアウトは人々がつながり支え合う場となった。これこそまさにザ・ライト・マージンが最初にめざしたものである。

「ライターハングアウトはザ・ライト・マージンの延長と考えていますが、それによってライティングコミュニティの価値が高められているのはうれしいことです」。同社のマーケティング担当バイスプレジデント、ウィル・サリバンはそう語る。「ライターを支援することは、私たちのブランドプロミス（顧客に対する約束）を果たすうえで極めて重要です。たとえ商品とは関係のない場であれ、支援ができているのなら、それは私たちの成功を意味しているのです」

企業がソーシャルメディアを使ったコミュニティをうまく機能させるには、自社のために利用したりせず、自ら参加し、育成することが必要である。つまり、有用なコンテンツを提供し、サービスに問題があれば対応し、質問にはすぐに答えるということだ。

自身のバーチャルコミュニティを作る

企業のなかにはフェイスブックやリンクトインが所有するサイトではなく、自ら所有するサイト、いわゆる「オウンドメディア」でコミュニティ作りをしているところもある。

アメリカン・エキスプレスは顧客を**会員**と位置づけてきた。顧客はコミュニティの一員であるということだ。また、中小企業に対しては、バーチャルコミュニティ、オープン・フォーラムの運営をしている。

オープン・フォーラムで会員企業は質問をしたり、他の中小企業と情報を共有したりすることができる。ここには、テクノロジー、リーダーシップ、マーケティング、金融などに関する厳選した記事が集められている。同社はオープン・フォーラムを、アドバイスを**交換する**ためのフォーラムだとしている。このコミュニティの存在によって、アメリカン・エキスプレスカードの会員であることの価値が高められている。

じかに交流する

実際にイベントに参加すると、多くの場合、オンライン上で結びつくより強い関係を築くことができる。セールスフォースはバーチャルコミュニティの構築を支援しているが、一方で、テクノロジー業界の最大のイベントの1つ、ドリームフォースの主催者でもある。セールスフォースのブログによると2016年の参加者は17万人を超え、1500万人がストリーミング配信を利用した。

セールスフォースはこうした催しに非常に力を入れている。カンファレンスには有名ミュージシャン（ブルーノ・マーズ、U2など）や政治家（ヒラリー・クリントンなど）、自己啓発の講演者（トニー・ロビンズなど）が招かれる。

クラウドベースのサービスで売る企業が実際に人の集まるカンファレンスになぜこうも熱心なのだろう。セールスフォースはこの催しを通じて顧客やパートナーと関係を築き、強化する。そして、参加者はコミュニティの一員であるという意識をもつ。このイベントが何も生まないのなら、セールスフォースが毎年これを主催し続けていくとは思えない。

カンファレンスはまじめすぎてうちには合わないと思う会社は、レッドブルに倣ってはどうだろうか。

客が繰り返し商品を買ってくれるか、差別化を図ることができるか。これは消費財関連企業にとって大問題である。サブスクリプションサービスを提供する企業は、この問題をうまく解決している創造的な企業から学ぶことができるだろう。清涼飲料水を販売するレッドブルは消費者が繰り返し商品を購入して飲んでくれることを期待している。繰り返し購入するということは、サブスクリプションの契約を更新するようなものである（同社は雑誌『ザ・レッド・ブレティン』を発行しているので、実際にレッドブルのサブスクライバーとなることは**可能**である）。

エナジードリンクの市場では多数の主要ブランドがマーケットシェアを求めてしのぎを

けずっている。レッドブルはオンラインコミュニティとスポーツイベントの場を利用して顧客とつながり、ロイヤリティの高いファンを生みだしている。同社のウェブサイトのイベントというセクションを見てほしい。週末には必ず世界のいくつもの場所でイベントが開催されているのがわかるだろう。イベントには次のようなものがある。

- スキー・スノーボード「オープンジャム」競技会
- オフロードレース、ラリー
- アイスクロス・ダウンヒル（これはクレイジーな競技だ）
- アートフェア
- ミュージック・フェスティバル

レッドブルはこれらのイベントの大半のスポンサーであり、多くのイベントでブランド名を掲げている。参加者と観客は、その場に行くだけでレッドブルコミュニティの一員となる。顧客はエクストリームスポーツを愛する人々と出会い、ふれあう。こんな方法で価値を高めるのもよいのではないだろうか。

15 ファンとアドボケイトを育成する

ロイヤリティの高い熱心な顧客（アドボケイト）は商品、サービスを人に薦めて見込み客を生みだしてくれる。依頼があればメディアやアナリストとも話をし、お客様の声として好意的な意見を寄せ、あなたの会社の信頼性を高めてくれる。

アドボカシー・マーケティングとは、顧客のなかにいるファンとアドボケイトを立派に育てることである。それをうまくやると、アドボカシー・マーケティングは価値育成の最高の例となる。だが、やり方がまずいと裏目にでるかもしれない。

アドボケイトは大きな価値を秘めている。アドボケイトや顧客から商品、サービスに対するよいコメントを引き出したいときは、慎重に進めなければならない。推薦の言葉を一気に集めようとすると、真っ先に育成しなければならない人々の反感を買いかねない。

顧客をファンに変え、ファンをアドボケイトに変える。そして、これまでに得た信頼を損なうことなく、ファンとアドボケイトに真の価値を届けていく。これがあなたに求められていることである。マーケティングチームとカスタマーサクセスチームは手を携え、次のような目標に向かって戦略を展開しなければならない。

- 積極的に意見を述べたりアドバイスをしてくれたりするロイヤリティの高い顧客や潜在的なアドボケイトを見つける。
- 自社を支持してくれる人に対して、貢献を認める、特別な催しに招く、特別プログラムを用意する、感謝の気持ちを伝えるなどの形で報いる。
- アドボケイトが自社のために効果的に活動できるよう支援する。

ファン、スーパーユーザー、潜在的アドボケイトを見つける

エバンジェリスト、スーパーユーザー、アドボケイト、ヒーロー。呼び名は何であれ、企業はこうした人々を増やさなければならない。彼らは商品、サービスを使い続けてくれるだけの顧客ではない。よい評判を広めてくれるのだ。

スーパーユーザー、あるいはアドボケイトは、ロイヤリティが高く、行動することを厭わない顧客である。

B2B市場では、スーパーユーザーはその製品をどのように利用しているか説明し、他社に製品の購入を促してくれるかもしれない。消費者市場なら、友人に商品の話をし、知人に影響を及ぼす顧客がアドボケイトといえるだろう。

大切なのは、自社のために行動してくれる人々を顧客のなかから見つけ出すことである。自社の宣伝をしてくれそうなファンを見つけるには、行動に注目すればよい。こんな行動が見られる人はいないだろうか。

- サービスをよく利用している、あるいは高度な使い方をしている。
- ソーシャルメディアのプラットフォームで好意的なコメントをしている。
- 新しい機能が登場すると、レビューや提案を投稿する。
- B2B市場で多数のユーザーに影響を及ぼす立場にある。

行動に着目して熱心なファンやアドボケイトを探しだし、積極的につながることが重要だ。

たとえば、ロイヤリティの高い顧客はよくレビューを書く。そしてレビューを書くことでロイヤリティが高まる。アマゾンで買い物をすると、カスタマーレビューを投稿するよう依頼が来る。それに応じると、**他の客を助けた**ことに対してアマゾンから感謝される。だれかがそのレビューを役に立ったと評価すると、アマゾンがそれを知らせてくれる。こうしてレビューを投稿する人の行動が強化されていく。

また、評価してくれた人にボーナスポイントを与えるといったプログラムを用意すると、ロイヤリティの高いファンが現れるかもしれない。

アダージョ・ティーズはこの両方のやり方を採用している。口コミを書く機会を提供し、口コミを書いてくれたことがわかったらそれに報いるのである。私はこの会社の紅茶のファンで、よく注文をする。注文ページには口コミを投稿するためのリンクが用意されている。投稿したことがわかるとロイヤリティポイントがもらえる。

クリスマスの翌日、私は紅茶の注文をした（ホリデーシーズンに紅茶がほとんどないというのは一大事だった）。驚いたことに、次の日には紅茶が届いた。この迅速な対応がとてもうれしかったので、私はツイッターでつぶやいた。すると、アダージョは（ツイッターで）私に礼を言い、私のアカウントにロイヤリティポイントを付与してくれた。

この仕組みに注目してほしい。アダージョはツイッターをモニタリングして私の口コミを見つける。ロイヤリティポイントは口コミへのお礼である。私はお金やポイントがほしくてツイートしたわけではない。だが、その行動に会社は報いてくれた。
私が言いたいのはこの点である。アドボカシープログラムはここでつまずくことがある。

支持は得るものであり、買うものではない。

支持に報いる

最近、名前も聞いたことのない企業からメールが送られてきた。私のメールマガジンで宣伝と思われないようさりげなくその会社のことを取り上げてくれたら、お金を払うというのである。

私は断った。

その会社は支持を得るのではなく、お金で**買おう**としていた。事前に私の信頼を得てはいなかった。メールには、対価を受けとっていることは明かさないようにしてほしいとも書いてあった。その会社に対する私の信頼度はさらに低下した。

報酬を支払って支持を得るというやり方はさまざまな問題を引き起こす。アメリカでは連邦取引委員会がブログやソーシャルメディア、広告で商品の宣伝や推薦をするブロガーなどに対してガイドラインを設けた。商品を推薦する場合、対価を受けとっているのなら、それを開示しなければならない。

口コミや支持に対して報酬を支払うのが身の破滅を招く行為である理由はほかにも挙げられる。心理学の観点から見ると、お金を払ったからといって、いつも期待通りのよい結果が得られるわけではないのだ。

行動心理学によると、仕事（たとえば口コミ）に対して報酬を支払うと、内発的動機づけが外的動機づけに変わって意欲が**低下**する。ダン・アリエリーは著書『予想どおりに不合理――行動経済学が明かす「あなたがそれを選ぶわけ」』（熊谷淳子訳、早川書房、2013年）で、ある実験について述べている。マサチューセッツ工科大学の学生に金銭的報酬の得られる課題を用意する。頭を使う課題の場合、報酬を増やすと成績が**下がる**ことがわかった。

あるサービスが気に入って、友人にその話をする。その行動は友人にとっても会社にとってもありがたいものである。あなたは、よいことをしたという満足感を得る。それが対価だ。しかし、そのサービスについて友人に話をしたら1人につき10ドル支払うと会社から言われたら、口コミという行動が安っぽいものに思えてくる。あなたの行動に値札がつけられ、個人的にしたことが、まるで商売のようになってしまう。それはマイナス効果をもたらすのだ。

- 人に話すことが時間の無駄と思えるかもしれない（「10ドル？　私があれだけ熱心に薦めているのに、10ドルの価値しかないの？」）
- お金のために口コミをすると、人の役に立つという満足感を味わえなくなる。
- 金銭的に余裕がないと、だれにでもその商品の話をし、口コミが特別なものでなくなってしまうかもしれない。

企業は自社のことを話題にしてくれるよう顧客に働きかけるとよい。顧客は見返りがほしいわけではなく、人のために行動しているからだ。実際、アドボケイトやファンを動かすのにお金が役立つことはほとんどない。

だが、心配はいらない。方法はほかにもある。

感謝の気持ちを個人的に伝えるのも効果的である。顧客がソーシャルメディアであなたの会社について好意的に述べたり、だれかに宣伝したりしていたら、お礼を言う。手書きのカード、フォローアップの電話、訪問など、方法は問わない。手書きのカードは最近ほとんどもらうことがないだけに、インパクトが大きいかもしれない。

口コミしてもらった**後に**思いがけないお礼として何かを送っても、事前に報酬を支払うときのような問題は生じない。ただし顧客が会社や官公庁の場合はそこで働く職員がお礼を受けとっても問題ないのか確かめておく必要がある。

アドボケイトへの対価はお金ではなく経験の方がよいだろう。それには、特別な計らいをする、あるいは、本人の興味を引く有益なイベントに招くなどの方法が考えられる。

アドボカシー・マーケティングを大規模に展開するには、顧客のなかにいるアドボケイトを育て、支援し、その貢献を認めるためのプログラムを作成しなければならない。

アドボカシープログラム

よく考えられたアドボカシープログラムはすべての人のためになる。

- アドボケイトは貢献を認められ、支援を得、人のために役立つという満足感を得る。
- 新しい顧客はさまざまな人から質問への回答やアドバイスを得ることができる。
- ロイヤリティが高まり、顧客が大きな成功を収めると、会社にとってもプラスとなる。

フートスイート（Hootsuite）はソーシャルメディア管理ツールである。フートスイートのアンバサダーには、無料講習が受けられる、特別なイベントに参加できる、限定販促品がもらえる、オンライン上での認知度が高まる、アンバサダーバッジによってアンバサダーであることを示せる、などの特典がある。アンバサダーになるとさらに価値ある顧客体験をすることができる。

セールスフォースはロイヤリティの非常に高い顧客をMVPと呼んでいる。MVPはソフトウェアのエキスパートで、他の顧客の質問に答え、セールスフォースを積極的に支持している。だが、これだけでMVPになることはできない。他の顧客、あるいはセールスフォースの従業員に候補者としてノミネートされなければならないのだ。MVPのタイトルの有効期間は1年限りである。

セールスフォースはMVPの貢献を称え、支援をする。MVPになるとコミュニティでのステータスが上がり、イベントで講演をする、特別な交流会や商品説明会に参加するといった機会が与えられる。研修を受け、認定を得、セールスフォースMVPというロゴの入ったTシャツなどをもらうこともできる。

フートスイートもセールスフォースも、アドボケイトが他の顧客をより効果的に助けられるよう、トレーニングのような教育的要素を取り入れている点に注目してほしい。

16 アドバイスやインプットを求める

新製品を発売する？　マーケティングキャンペーンに関する意見がほしい？　どの方向に商品開発を進めるべきか、どんなマーケティングメッセージを送るべきか、アドバイスが必要なら、顧客に求めればよい。

企業の多くは顧客を懇談会に招いて商品やサービスに関する意見を求めている。顧客の考えを知ることは企業にとって有益で、さらに、人の役に立つのが好きな人々との関係を強化することもできる。

顧客が生みだすコンテンツ

キャンペーンを打つときは、顧客の力を借りることを検討してみるとよい。バブソン大学はこの戦略を使って「アントレプレナーシップ（起業家精神）」という言葉の再定義をするキャンペーンを数年にわたって展開した。

バブソン大学は、自らを「あらゆる種類のアントレプレナーシップを育てる教育者」と位置づけ、大学院生、学部生、エグゼクティブのためのビジネスプログラムを設けている。2012年に大学はアントレプレナーシップの再定義をするために広く人々に呼びかけ、ウェブサイトで定義を募った。

キャンペーンは有料メディアを使って参加を求めるところから始まった。学生、入学希望者、教員、政治家、ビジネスリーダー、卒業生などが提案をし、何千もの定義が集まった。それらの定義はマーケティングキャンペーン、ブランディングキャンペーンで使われた。コミュニティに参加を呼びかけることで、大学は伝統的なアウトバウンド・マーケティング（広告宣伝などプッシュ型のマーケティング）では影響力が及ばないようなところまでキャンペーンを広げることができた。このキャンペーンで182カ国の人々が大学のサイトを訪問し、ユニークビジター数は20万人を超えた。バブソン大学の最高マーケティング責任者、サラ・シコラはこう述べている。

私たちは限られた予算を使って、コミュニティと市場を巻き込みながらメッセージを広めてきました。通常のやり方なら、あの予算でこれほど多くの人々にメッセージを届けることはできません。また、自分たちのことを自ら語るより、第三者に伝えてもらう方がはるかにインパクトがあります。

このキャンペーンはいくつもの目的を果たした。

- 広い範囲の人々に大学の存在が認識された（見込み客の創出）。シコラによると、バブソン大学のアントレプレナーシッププログラムに関する問い合わせ件数がすべてのレベル（大学院生、学部生、エグゼクティブ）で増加した。
- 入学希望者にとって、このキャンペーンは大学のアントレプレナーシップに対するコミットメントを一段と強化するものだった（見込み客の育成）。
- 職員と教員が共通の使命感とプライドをもつようになった（従業員のエンゲージメント）。
- 卒業生にとって、このキャンペーンはコミュニティ意識を生みだし、大学とのつながりを強化するものだった（価値の育成）。

マーケティングの４つの役割が果たされたのである。大学はその後、ソーシャル・イノベーションの定義を全世界に求めてキャンペーンを拡大した。

顧客とコミュニティに参加を呼びかけ、歓迎することで、企業と顧客のつながりを強化することができる。サイモン・メインウェアリングは著書『私たち第一』（We First：未邦訳）で次のように述べている。

今日、顧客を引きつける最も効果的な方法は、会社のストーリーを顧客と共有し、一緒にストーリーを紡いでいくことである。ロイヤリティの高い顧客が会社のストーリーの一部でありたいと願っていることに、企業はようやく気づき始めた。

利用客に商品開発を先導させる

プレイ（Play.com）はサブスクリプションボックスとシェアリング・エコノミー型サービスを提供するとても楽しい会社だ（2011年に楽天が買収、Play.comは2014年に閉鎖された）。毎月おもちゃが届く（サブスクリプションボックスのような）コースと、同社の大きなおもちゃライブラリーから選んだレンタルの知育玩具が届くコースがある。

プレイは、ネットフリックスのビジネスモデルを参考にしてレゴのレンタルサービスを提供するところからスタートした。親（あるいはレゴを組み立てて遊ぶのが好きな人）がサブスクリプションの申し込みをすると、毎月レゴセットと予備のピースと組み立て説明書が届く。作品が完成したら送り返して、次のセットを受けとる。

利用客（親と子ども）を支援し育成するために、プレイはプレイワールドというコミュニティを作った。客は自分でデザインしたレゴ作品を提出し、他の客のどの作品がよいか投票する。ある作品の得票数が一定の基準に達すると、プレイは組み立て説明書を作成して商品に加え、レンタル、あるいは購入ができるようにする。

利用客の参加を促し、コミュニティや創造性を育てるすばらしい方法だ。プレイワールドの使命は、そのサイトによると、「創造のプロセスを民主化し、世界中のビルダーに力を与えてマスタービルダーにすること」である。プレイは顧客の創造性を育成することで、ロイヤリティの強化を図った。そして、クラウドソーシングでデザインを集め、商品ラインを常に新鮮でダイナミックなものにしたのである。

17 解約には快く応じる

何の問題もないときでさえ、顧客は去っていく。解約には快く応じることが必要だ。対応がよければ、客はまた戻ってくるかもしれない。

マーケティング部門は顧客のために解約方法を明確にしておかなければならない。成り行き任せというのはリスクが高い。

解約への対応

サブスクリプションの解約に苦労したというひどい話を聞いたことがあるだろう。最後にもめるのが嫌で申し込みをしない人もいるかもしれない。

去ろうとしている顧客にしがみついているのは見苦しい。解約の理由を必ず確かめ、問題があれば片づける。そして顧客が堂々と去っていけるようにする。客は帰ってこないとも限らない。

サービスをあまり利用していない顧客や、メールマガジンをあまり読んでいない会員にはこちらから連絡して、解約する機会を提供するのもよいかもしれない。私は、メール配信と配信最適化のリーディングカンパニーであるリターン・パス（Return Path）から届いた「解約へのお誘い」というメールがとても気に入った。メールを今後も受けとりたいかどうか丁寧に尋ねてから選択肢を示すのである。今後も受けとるなら笑顔のコアラを、配信登録を解除するなら悲しい顔のサルをクリックすればよい。

これなら解約も笑顔でできる。

戻ってきた顧客を歓迎する

以前解約したサブスクリプションサービスを新たに利用し始めるとどうなるだろう。

● 新規の顧客のような扱いを受けるかもしれない。会社

● リターン・パスの「解約へのお誘い（invitation to unsubscribe）」にある選択ボタン

に悪気はないのだろうが、客は忘れられてしまったという思いをいだく。

- 以前顧客だったことを会社が覚えていて歓迎してくれる。客はうれしい驚きを覚える。
- 顧客重視の企業は、客が空白期間を埋められるよう、あるいは解約時点からスタートできるよう計らう。

契約を中断した顧客のロイヤリティを高めるには3つ目の方法がよいだろう。以前顧客だった人がまたサブスクリプションの申し込みをしたら、旧友を迎えるように歓迎するとよい。最初からスタートさせてはならない。たとえば、中断していた期間に応じたプログラムを用意するとよい。戻ってきた顧客が何を必要としているかを考え、順調に利用を再開できるようにしなければならない。

私は息子のマークからブリザード・エンターテインメント（Blizzard Entertainment）がどのような方法で価値の育成をしているかを教えられた。ブリザード・エンターテインメントは「ウォークラフト」「ディアブロ」「スタークラフト」などのゲームを発売しているゲーム会社である。マークは高校生のときゲームに夢中だったが、大学に入ると（ありがたいことに）ゲームをやめた。だが、夏休みになるとオンラインゲームをするのだった。

これはゲーマーの多くに見られるパターンではないだろうか。ゲームにはまっていると思ったら、熱が冷める。しばらくゲームから遠ざかっていても、ブリザードならゲームの世界に簡単に戻っていくことができる。ゲームをやめてもアカウントは冷凍状態になるだけで、削除はされない。中断後また始めると、ブリザードはすぐに楽しくプレーできるよう助けてくれる。

- **帰ってきたプレーヤーのためのオンラインガイド**……アカウントの管理やゲームの大きな変更点、新しい機能について説明するもので、最新情報も掲載されている。ゲームの世界から離れていても、その間に何があったかわかる仕組みになっている。
- **キャラクターのレベルブースト**……ブリザードはゲームの拡張パックを発売するとき、先行予約のインセンティブとして「レベル１００へのブースト」といった特典を用意している。これを利用すると時間のかかるキャラクターの「レベルアップ」が一気にできる。このようなインセンティブをきっかけにまたゲームを始める人も多い。

ゲームを中断していた人ができるだけ早くゲームを再開し、熱心にプレーすることを願うなら、こうした方法が有効だ。

18 自社のストーリーを共有する

だれかがサブスクリプションの申し込みをすると、会社はその**顧客の**ストーリーの一部となる。顧客と会社が同じ価値観をもっていれば、顧客のストーリーのなかで会社の果たす役割が大きくなる。顧客と価値観を共有する会社は、持続的なロイヤリティを獲得することができる。

タイ・モンタギューは著書『スーパーストーリーが人を動かす――共感を呼ぶビジョン&アクション』（片山奈緒美訳、日経BP社、2014年）でこう述べている。「人々は製品を買っているのではなく、自分が伝えたいスーパーストーリーを作るために行動しているのだ。もちろん、スーパーストーリーを持つ製品を買ったり使ったりすることが、そうした行動の一部になる場合もある」

ベンチャーキャピタリストのベン・ホロウィッツは、自社のストーリーを語ることがビジネス戦略にとって不可欠だと言う。『フォーブス』とのインタビューで彼は次のように語った。

ストーリーとはマーケティングであると誤解している人がいる。そうではなく、ストーリーは戦略である。よりよいストーリーを作るということは、よりよい戦略を立てるということなのだ。

ストーリーと価値観は密接に結びついている。あなたの会社の歴史と使命はどのようなものだろうか。目標と価値観を内外の人々に明確に伝えることができていない企業は、まず、社員の心を1つにする共通の価値観を見つけ出さなければならない。

最も強力なストーリーと価値観は会社のコアビジネスとしっかり結びついている。

たとえば、ドーン（Dawn）の食器用洗剤は油汚れに強いことを誇りにしている。この洗剤は海洋哺乳類や海鳥についた油を落とすのにも役立つ。重油の流出事故で油にまみれた野生動物を洗うために、ドーンは数十年にわたって海洋哺乳類センターや国際鳥類救護研究センターに食器用洗剤を提供してきた。同社の製品を使って子ガモを洗っているボランティアの動画が公開されている。子ガモに引きつけられない人はいないだろう。環境支援活動を通じてドーンはブランドアイデンティティと商品の価値の強化を図っている。

ビジネス界では大手ソフトウェア会社のＳＡＰがオンラインの教育プログラムopenSAPを開設し、サステナビリティに関するコースを無料で提供している。２０１４年に当時ＳＡＰの最高サステナビリティ責任者を務めていたピーター・グラフが「サステナビリティとビジネスイノベーション」がテーマのコースを開講。会社、サプライチェーン、顧客との調整をどう進めるか体験を交えて語りながら、サステナビリティ戦略の策定方法や報告の仕方について説明している。

このコースの世界の受講者は1万４０００人を超えた。ＳＡＰはその後このコースを更新し、「サステナビリティとデジタル化」などのコースを新設、サステナビリティ・スニペットという番組を週に1度、ポッドキャストで配信している。

顧客をはじめとする人々に無料で提供されるこのようなプログラムによって、ＳＡＰの目標は一段と高いものになる。顧客の行動に影響を与えることで、ＳＡＰは環境面・社会面のサステナビリティ活動の効果を高めている（同社の顧客には世界の大手メーカーの多くが含まれている）。ＳＡＰは多くの企業にとって、イノベーションを進め、サプライチェーンのアカウンタビリティを高めるパートナーとして大きな役割を担っているのだ。

ドーンとＳＡＰは商品とストーリーに合う戦略を展開した。両社の行動はブランドの価値観にしっかりと根ざしたものである。

価値観に基づいたマーケティングはコミットメントを必要とする

企業の価値観はマーケティング部門だけのものであってはならない。価値観を基盤とする企業として有名で、よく引き合いにだされる会社では、コミットメントはCEOからスタートしている。

ユニリーバは、CEOのポール・ポルマンのもと、社会への貢献と環境面でのサステナビリティの実現を重んじてきた。サステナブル・リビング・プランを導入して大胆な目標を設定し、ウェブサイトや企業報告でそれを公表している。同社の目標の1つは、商品の製造、使用から生じる環境負荷を2030年までに半減させるというものである。これには顧客による環境負荷も含まれている。

ユニリーバは目標の達成状況を年に1度報告する。これはマーケティングキャンペーンでは**なく**、企業戦略である。

同社は有名な家庭用品ブランドを多数展開している。それらのブランドのマーケティング部門は親会社のビジョンとストーリーに合うキャンペーンを行う。たとえばサンライト（台所用洗剤のメーカー）は国際NGOのオックスファムと協力して、ナイジェリアの農村部で家庭用の安全な水が利用できるよう支援してきた。

パタゴニアも価値観を基盤とする企業の1つである。環境問題への取り組みを決めたのは創業者で、登山家でもあるイヴォン・シュイナードだった。パタゴニアは、本当に必要でなければ自社のジャケットを買わ**ない**よう顧客に勧めて話題になる。小売業者としては革命的なスタンスである。

パタゴニアは顧客をサブスクライバーのように扱い、長期的関係を築いて環境負荷を抑えようとしている。

- パタゴニアの店に商品をもっていくと修理してくれる。
- まだ十分使える装備品は下取りにだすことができる。下取り後、装備品はウォーン・ウェアプログラムを通じて中古品として販売される。このプログラムはパタゴニアの商品の耐久性を証明するものである。
- 中古品として販売できない衣類や装備品は、埋め立て処分されないよう、リサイクルされる。

ユニリーバとパタゴニアでは、CEOからマーケティング部門、営業部門まで全員が同じ目標に向かって進んでいる。CEOのコミットメントが重要なのはもちろんだが、顧客と従業員が同じように関心のある問題をとりあげて行動を起こすことを考えなければならない。

価値観を顧客に伝える

組織としての価値観とストーリーをもつことができたら、それを効果的に伝えなければならない。具体的にどう伝えるかは、ストーリーと企業の個性によって異なる。

バークボックス（BarkBox）のストーリーはシンプルだ。愛犬家が集まって犬のおもちゃやおやつを届けるサブスクリプションサービスを始めた。これ

● バークボックスのサイトには創業者・従業員とその犬たちの写真が並ぶ

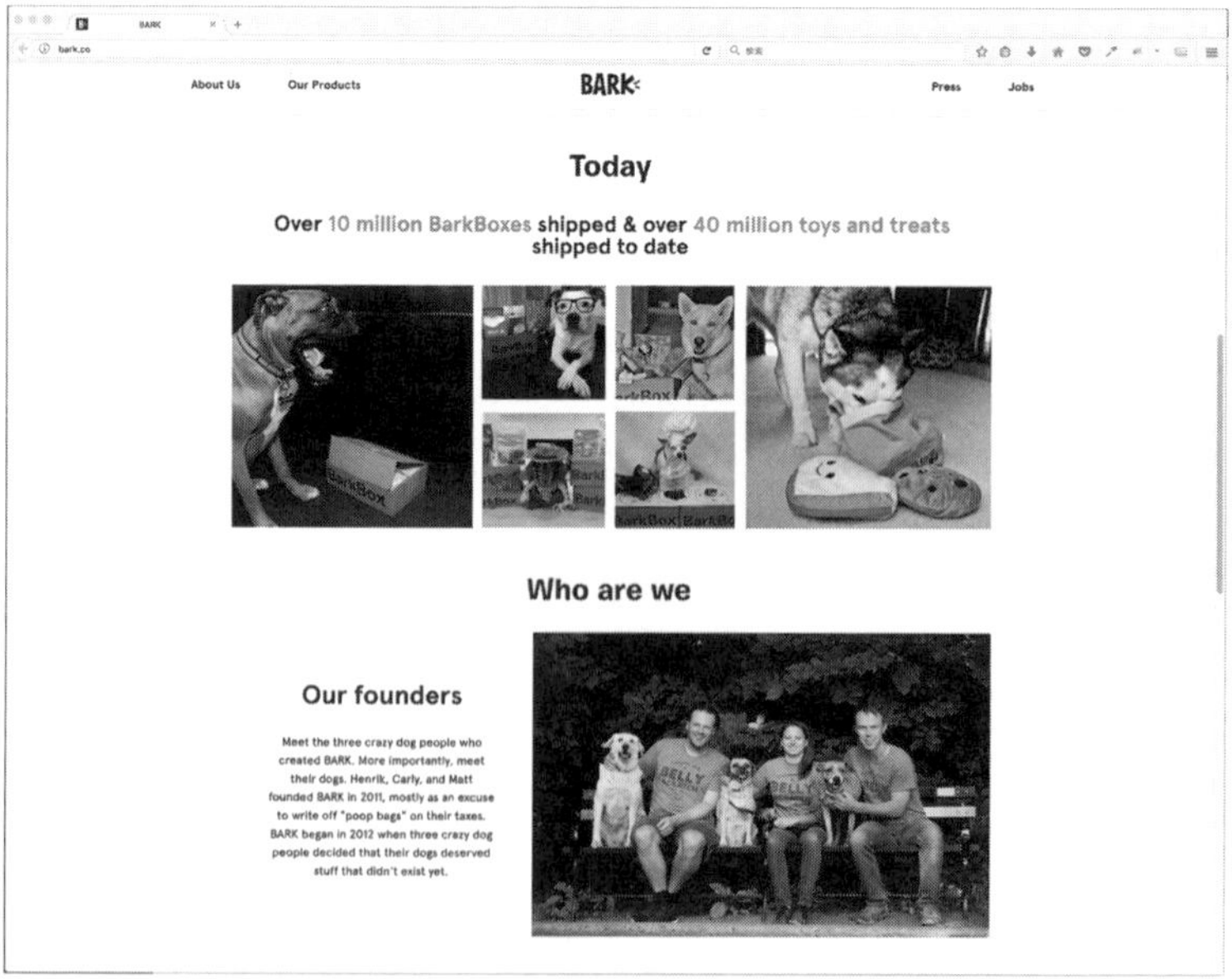

http://bark.co/

が同社のストーリーである。使命は、犬をハッピーにすること。ウェブサイトの「当社についてて」のページをのぞくと、職場で撮影された従業員と満足げな犬との写真を見ることができる。

バークボックスは動物保護施設や動物救援組織、避妊・去勢プログラム、犬関連のNPOに利益の10%を寄付している。顧客と価値観(犬への愛)を共有し、その価値観に基づいて、ストーリーと調和する行動をとるのである。

アン・ハンドリーは『コンテンツ・マーケティング64の法則――売りにつながるオンライン記事の書き方』(ダイレクト出版、2015年)で次のように述べている。

説得力あるブランドストーリーは、オーディエンスへの一種の贈り物になる。オーディエンスにあなたという個人につながる方法と、あなたの会社をありのままに見る機会を与える。生身の人間が動かし、本物の価値を提供している企業だと伝えることができるのだ。

顧客に参加を呼びかける

顧客の価値観を大切にし、顧客とともに行動することを考えてみるとよい。

２０１５年にネパールで大地震が発生したとき、フェイスブックは国際医療隊（ＩＭＣ）と協力し、救援活動のための資金を集めるために「募金する」ボタンを設けた。そして、募金と同額（最大２００万ドル）の寄付をすることを明らかにした。最初の1週間でユーザーの募金は１５００万ドルを超えた。フェイスブックがユーザーに参加を呼びかけ、ユーザーがそれに応えたのだ。

ディックス・スポーティング・グッズ（DICK's Sporting Goods）も同じようなコーズ・リレーティッド・マーケティング（社会貢献とマーケティングを結びつけた手法）戦略でアメリカの若いアスリートを支援した。スポーツ用品を扱う企業は、運動をするあらゆる年齢層の人々に支えられている。ディックスは２０１４年に自社の慈善基金を通じて「スポーツ・マター」キャンペーンを開始。公立学校のスポーツプログラムの資金が不足していることを広く伝え、スポーツチームが活動資金を調達できるよう支援した。

キャンペーンには動画やソーシャルメディアが利用され、有名人の力も借りた。ディックスはまた、ドキュメンタリー映画『*We Could Be King*』のスポンサーにもなった。これは予算削減の影響を受けたフィラデルフィアの２つのライバル高校の感動的な物語である。

このキャンペーンを通じて35州の１８７チームが活動資金を集めた。ディックス・スポーティング・グッズ基金は調達額と同額の200万ドルを提供した。

資金調達の関係者やチームの選手、その親が今、ロイヤリティの高いディックスのファンになっているかどうか疑問だと考えている人はいないだろうか。私は、彼らがディックスの使命感に好感をもち、何度も店を訪れるものと思っている。

価値観に基づいたマーケティングへの警告

今述べたような価値観に基づいたマーケティング戦略は、気をつけないと裏目にでることがある。スタートする前に、どんな点が問題になりそうかを確かめておくことにしよう。まず、何よりも重要なのは価値観について偽らないことである。どんなにすばらしいキャンペーンを展開しても、やっていることが会社の本当のストーリーや価値観に合っていなければ、長期的にはマイナスである。

アンドリュー・S・ウィンストンは著書『ビッグ・ピボット――なぜ巨大グローバル企業が〈大転換〉するのか』(藤美保代訳、英治出版、2016年)で、テクノロジーが発達し、世界がつながり合う今、企業は秘密主義ではなく透明性が世界標準となったことを認識しなければならないと論じている。ウィンストンが言うように「ビッグデータと透明性は、途切れることのない潮流である」。価値観と相いれない行動をとっていたら、やがては世間の知るところとなる。

徹底的な透明性を示す例として、私はある話が気に入っている。だが、それが実現したのはビジネス界とは別のところだった。

アメリカの最高裁判所は、以前発表した法廷意見に手を加えることがある。最初の発表を信頼していた法学者は、法廷の最終的な意見が少し変わったことを後で知って混乱する。変更を知らされるのは、法律関係の出版社の一部だけである。

この状況を何とかしようと、弁護士でプログラミングが趣味のV・デイヴィッド・ズベニャッチがアプリを開発した。これは最高裁のウェブサイトにアクセスして、何か変更があればツイッター（@SCOTUS_servo）で知らせるというものである。最高裁の透明性を高めるには、スクリプトとツイッターのアカウントさえあればよかった。

この例をビジネスという観点からとらえると、何が言えるだろう。

それは、会社は真のストーリーを語らなければならないということである。BPの「石油を越えて」キャンペーンを思い出してほしい。BPは石油の備蓄を積極的に進め、代替エネルギーの開発にはあまり投資していなかった。環境重視と言いながら裏腹な行動をとっていると、偽善者だと責められることになる。

価値観に基づいた戦略は、本当にその価値を認めているものでなければならない。

もう1つ、**目的の呪縛**にも注意が必要である。つまり、見込み客が必要と感じている以上に社会面、環境面を重視し、顧客の価値観やニーズを無視するようなことがあってはならないということだ。

すべての条件が同じなら、人は価値観を共有できる企業と取り引きしたいと考える。しかし、価値観を共有しているからといって、商品の品質や機能性、価格を無視してもよいということにはならない。ホールフーズ・マーケットに行くと自然食品を買うことができるが、顧客にとってはそこでの体験や商品の品質も重要なポイントである。社会的価値、環境的価値を掲げて進んでいくなら、商品、サービスの価値をそれで代替するのではなく、さらに**高める**ことが重要だ。

19 ビジネスモデルに価値観を組み入れる

顧客と価値観を共有するなら、ビジネスモデルに使命を組み込むのが最もうまいやり方である。そうすれば、価値観とビジネスが常に一体を成す。

使命は商品の販売法、あるいは会社の法的形態のなかに組み込むことができる。

使命を帯びた商品

トムス・シューズ（TOMS）は世界中の恵まれない子どもたちに靴を提供するというビジョンを掲げて創業した。会社のストーリーによると、アルゼンチンの田舎で裸足で生活する子どもたちを見かけたブレイク・ミコスキーが、この状況を何とかできないものかと考えた。そして、靴が1足売れるたびに靴を1足贈ると決め、トムスを設立した。

この「ワン・フォー・ワン」モデルを通じて3500万足以上の靴が子どもたちに届けられた。顧客は、顧客であることによってトムスのストーリーに直接参加することになる。

ワン・フォー・ワンモデルは今では靴以外の商品にも適用されている。

- サングラスが1つ売れるたびに、視覚障害をもつ人に目の検査やめがねなどが提供される。
- コーヒーが売れると、トムスはコーヒー生産国の人々がきれいな水を飲めるよう寄付をする。

トムスのこうした使命や目的によって、商品の価値が高められる。顧客は単に靴を買うのではない。自分が靴を買うことで、新しい靴を手にすることのできる子どもがいるという事実も買っているのである。

年末になると、トムスはこのビジネスモデルの成果をまとめた動画を顧客に送信して礼を言う。2016年には1400万足の靴が贈られ、視力回復のための支援は11万5000件に達した。

トムスのような企業はほかにもある。たとえばワービー・パーカー(Warby Parker)はサングラスで、ボンバス(Bombas)はソックスで同じようなモデルを採り入れている。

では、ミッションを掲げて立ち上げたわけではない、古くからある企業はどうすればよいのか。ミッションは今提供している商品のなかに組み込むことが可能である。

ドラッグストアチェーンのウォルグリーン（Walgreens）は、インフルエンザの流行期に「予防接種を受けて、予防接種を届けよう」キャンペーンを行っている。ウォルグリーンでだれかが接種を受けるたびに国連財団に寄付をして、途上国の子どもにワクチンを届けるのである。

これは、強い意気込みを感じさせるスタートアップでなくても、使命をビジネスモデルのなかに組み入れられることを示すよい例である。

Bコーポレーションムーブメント
トリプル・ボトム・ラインというコンセプトを重視する企業が増えている。これは、企業が持続的発展を遂げるには、社会、環境、経済の3つの面で総合的に発展することが必要だという考え方である。社会的、環境的使命を大切にする企業は顧客と価値観を共有して、競争上優位に立つことができる。サイモン・メインウェアリングは著書『私たち第一』でこう述べている。「利益の先にあるのは使命である。消費者はよりよい商品だけでなく、よりよい世界を求めている」
消費者はこうした変化を評価している。コーン・コミュニケーションズとエビクイティが行った2015年のCSR意識調査によると、消費者は企業が社会的責任を果たすことを期待し、できれば社会的責任に配慮した商品を購入したいと考えている。

使命とビジネスは相いれないと言う人もいる。経営者、取締役は株主に対する受託者責任を負い、その利益を守らなければならないからだ。企業は市場から四半期ごとに結果をだすよう求められ、短期的利益を優先して、長期的には望ましくない意思決定を下すことも考えられる。

だが今、経済的利益だけでなく社会的利益も追求することができる新しい形態の企業が増えている。**ベネフィット・コーポレーション（Bコープ）**である。

アメリカでは、ベネフィット・コーポレーションとは社会貢献をめざすことが求められる営利企業を指す。意思決定に際しては経済的利益と公益のバランスをとらなければならず、社会的な取り組みについての報告が義務づけられている。

ベネフィット・コーポレーションは1つのムーブメントである。アメリカではベネフィット・コーポレーションに関する法律は州ごとに異なる。世界でもこのような法人形態を認める国、法制化を検討する国がでてきている。

非営利団体のBラボは、社会面、環境面のパフォーマンスや透明性、アカウンタビリティが一定の基準を満たしている企業をBコーポレーションとして認証している。2016年末の時点で、50カ国の2000を上回る企業がBコーポレーション認定を受けている。

もちろん、ベネフィット・コーポレーションとして法人格を取得しやすいのは起業したばかりの企業であり、認定Bコーポレーションも小さな企業が多い。しかし、ベン&ジェリーズ（ユニリーバの子会社）、パタゴニア、ナチュラ（ブラジルの化粧品メーカー、上場会社）など、大手企業のなかにもこのモデルを採用しているところがある。これらは、社会貢献をめざす営利会社である。

このようにビジネスモデルのなかに使命を組み込んでおくと、経営陣が替わっても影響が及ばない。Bコーポレーションと取り引きをする顧客は、利益よりさらに大きな何かが実りある関係を築かせてくれることを知っている。

サブスクリプションが勢いを得、顧客と長期的関係を築くことが企業の成長にとってますます重要になっていることから、この法人形態は今後さらに広まるものと思われる。

20

無料お試し利用者を育成する

サブスクリプションサービスを提供する多数の企業にとって、無料お試し《フリートライアル》は非常に重要な意味をもっている。見込み客は無料お試しのおかげで申し込みをする前に商品を試用することができる。

試用とは単にサブスクリプションボックスの中身を知ったりソリューションの一部を使ってみたりすることではない。重要なのは、体験だ。

無料お試しとは、顧客体験を評価するための機会である。

サブスクリプションの契約をとるとき、マーケティングチームは2つの目的を果たさなければならない。それは価値を示すこと、そして信頼を得ることである。第2部で述べた価値育成のための戦略の多くは、価値を示す、価値を加えるというものであった。だが、顧客の信頼を得ることの大切さも決して忘れてはならない。

見込み客は、企業と長期的関係を築く前にそれが信頼できる会社であることを知りたいと思う。彼らはこんな自問をするだろう。

- この会社は契約後もきちんとした対応をしてくれるのだろうか。
- 個人情報を慎重に取り扱うだろうか。
- 自動支払いにして大丈夫だろうか。
- 利用することで、私生活あるいは仕事面で大きなメリットを得られるだろうか。

無料お試しでは、信頼を得、その信頼を保つことができるかどうか、マーケターの能力が問われる。だが、そこには組織的な問題が存在している。

無料お試しの担当者はだれなのか

無料お試しの利用者は見込み客というわけではなく、顧客というわけでもなく、その両方である。そこからさまざまな問題が生じる。たとえば、無料お試しの利用者と関係を築いていくのはだれなのか。どの程度、どのように関わればよいのか。

企業のなかには徹底的に売り込みをかけるところがある。メール攻勢、電話攻勢、チャットボックス。営業チームとマーケティングチームが全力で勧誘し、利用者は中古車販売店に行ったあとのような体験をする。

一方で、「不干渉」の立場をとる企業もある。無料お試しの利用者を既存顧客のように扱い、問題が生じたらカスタマーセンターに何か言ってくるだろうと構えている。また、新規顧客と見なして、サポートをカスタマーサクセスチームに任せるところもある。

だが、無料お試しの利用者は新規顧客というわけではない——この時点では。

まだ申し込むとは決めていない時点で無料お試しをする人は多い。もっとよく知ってから決めたいと思って試用するのだろう。この段階でカスタマーサクセスチームがとことんフォローする必要はない。

本書をここまで読んできて価値育成の重要性を認識している人なら、きっとこの点もご理解いただけると思う。

無料お試しでは、見込み客の育成《リード・ナーチャリング》は価値の育成《バリュー・ナーチャリング》に変わる。

お試し利用者が早く成功するよう、ここで価値の育成という考え方を採り入れなければならない。ＰＡＲＴ２で述べてきた戦略を使って、営業、サポート、カスタマーサクセスチームと協力しながら利用者を育成していくのである。たとえば、

- 教材、動画、メールなどを使って、利用者がどの機能を使えば最大の価値を引き出すことができるかわかるよう図る（顧客のセグメント化をしていれば、客を導きやすい）。
- 利用客の利用状況を把握し、利用していない、あるいは脱線しているようであれば、メールを送ったり電話をかけたりする。
- お試し期間中、定期的にサポートする（ただし、うるさがられてはいけない）。

お試しは、見込み客の信頼を得、会社とどのような関係を築いていくのかを示すよいチャンスである。しつこくつきまとってうるさがられてはいけないが、迅速な対応ができるよう備えておく必要がある。

無料お試し 対 フリーミアム

無料お試しとフリーミアム（フリーとプレミアムを合わせた造語）を混同しないよう気をつけてほしい。

無料お試しとは、一定の期間、商品、サービスを無料で試用し、その後、有料ユーザーになるか、離脱するかを決めるものである。

一方、フリーミアムモデルの場合、顧客の大半は無料サービスを利用するが、何パーセントかの客はすぐに有料サービスにアップグレードし、他の客も必要となれば移行するものと企業は想定している。

フリーミアムモデルがうまく機能すれば、無料ユーザーがマーケティングの範囲を拡大してくれる。無料サービスが気に入ってアドボケイトとなり、それを人に薦めてくれるのである。たとえばノートアプリのエバーノートを使うと、あらゆるデータを保存でき、どんなデバイスからもアクセスできる。エバーノートは無料版を利用する熱心なファンのおかげで急速に広まり、ブロガーが気に入っている生産性ツールのリストには必ずその名が挙がっている。無料版のユーザーが最も積極的なアドボケイトとなったのだ。

フリーミアムモデルはすばらしい成長戦略となり得るが、計画は慎重に進めなければならない。思い出してほしい。サブスクリプションのマーケターであるあなたの目標は、価値を実証し、信頼を得ることだった。フリーミアムモデルでこの目標を達成するには、次のようなことが求められる。

1. 無料版に十分な価値をもたせる。全員を有料ユーザーに変えるための「中身のない」ものであってはならない。
2. 有料版と無料版は明らかに異なり、有料版の価値がはっきりとわかる。
3. 有料ユーザーの比率がいくらなら、ビジネスとしてやっていけるかを把握する。
4. このモデルをコスト的に持続可能なものにする。コストを理由にサービス内容を変更しなければならないといった事態を防ごう。これまであって当然のように思っていたものがなくなると、人は不満に思う。いったん手にしたものは手放しがたい。これまで提供していた機能を利用できなくすると、信頼を踏みにじることになる。

コンバージョン

すべてが順調にいけば、多数の無料ユーザーが有料ユーザーに変わる。だが、非常に効果的な無料お試しでも、**すべての人**が有料プランの申し込みをするわけではない。コンバージョン率を高めるには、ターゲットをうまく絞り込んでマーケティングを展開することが必要だろう。

無料ユーザーが有料ユーザーに変わるのは当然のことだと考えてはならない。コンバージョンにどう対応するかで、顧客体験はよいものにもなれば悪いものにもなる。

たとえば、多数の企業が無料お試しの開始時点でクレジットカード情報を取得し、30日経過すると利用代金が発生する。このやり方には、あまり本気ではない見込み客を除外する、コンバージョンに手間がかからないなど、多数のメリットがある。

だが、顧客に最初の請求をするとき、あなたならさっさと手続きを進めるだろうか、それとも顧客に知らせるだろうか。クレジットカード情報が手元にあろうと、最初の決済が済もうと、慎重に様子を見ることが必要である。

客が無料お試しのことを忘れていて、心当たりのない請求がきたと思ったら、信頼が薄れてしまう。長期的ロイヤリティを獲得するのに、幸先がよいとは言いがたい。

私はウェブサイトを運営するためにレインメーカー・プラットフォーム（Rainmaker Platform）を利用している。無料お試しの申し込みをしたとき、クレジットカード情報を登録した。

無料なのは30日間で、その間、レインメーカーは動画、マニュアル、ウェビナー、ガイドつきツアーなど、さまざまな形で膨大な量のトレーニングプログラムを提供してくれた。「売りつけよう」としたことは1度もない。質問をすると、サポートチームからすぐに回答があった。

トライアル期間の終了3日前、会社からメールが届いた。こう書かれていた。

「レインメーカーをご利用中のお客様にご案内いたします。お客様の無料お試し期間が約72時間後に終了します。その後もご利用いただく場合は、月額料金の引き落としが開始されます」

メールにはログインページや、レインメーカーを利用するうえで役立つページへのリンクが張ってある。サポートが必要ならご連絡くださいとも書いてあった。だが、最も重要なのはこの点である。有料ユーザーに変わることを知らせることによって、会社は、もしサービスに不満だったり決心がつかなかったりしたらキャンセルして、料金は支払わなくてもよいことをそれとなく伝えてくれたのである。そうすることで会社は私の信頼を得た――信頼はその後さらに高まっている。

レインメーカーの無料お試しはすばらしい顧客体験の見本のようだった。

このストーリーには続きがある。顧客体験を大いに楽しんだ私は、そのすばらしさを今、人々に伝えている。価値の育成がうまくいくと、顧客の高いロイヤリティと積極的な支持につながるのだ。

PART
3
戦略の実践

21 価値育成のためのビジネスケース

これまでの章であなたは、価値育成の役割を理解し、どの戦略を使って進めていくかも見えてきたことと思う。あとは組織の人々の賛同を得る仕事が残っている。この章では、どのようにして人を納得させるかについてお話ししよう。

顧客価値を示す確かな数字

育成という語は教養学部の学生にしか好まれないような言葉である。だが、収益の話をするのに使うのはよいだろう。

価値の育成に取り組む理由を説明する場合は、会社が次の指標のいずれかを把握しているかどうか確かめなければならない。

- 顧客維持率

- カスタマーチャーンレート、またはレベニューチャーンレート
- 顧客ロイヤリティ（ネット・プロモーター・スコアなどの指標）
- ARPA（契約者一人当たり収益）
- 顧客生涯価値

この中のいずれかの指標を使えば、ビジネスケース（事業の計画、収益性を示す資料）が作成できる。

顧客維持率とチャーンレート

顧客維持率とチャーンレート（離脱・解約率）は同じコインの表と裏である。どちらの指標であれ、価値育成の影響を大きく受ける。

私は楽天家なので、維持率について考える方が好きだ。だが、人の注意を引きたいなら、離脱率の話をするほうがよい。ここで言葉の意味を明確にしておこう。チャーンレートには2種類ある。

- **カスタマーチャーンレート**……一定の期間に離脱した（契約を更新しない、解約する）顧客の割合。

・**レベニューチャーンレート**……一定の期間における離脱による定期収益の減少率。

この2つは関連があるが、同じ動きをするわけではない。不景気で既存顧客が契約のグレードを下げると、顧客数は変わらないが、収益は減少する。既存顧客の一部がサービスを気に入ってグレードを上げたり、別のサービスにも申し込んだりすると、収益が増え、顧客が減っても損失を補える。

話を分かりやすくするために、カスタマーチャーンレートについて少し話しておこう。カスタマーチャーンレートをある程度低下させることができれば、それは収益に大きく反映される。

会社とは何の関係もない理由で去っていく顧客の割合をナチュラルチャーンレートという。たとえば、オムツを定期的に購入している顧客が、子

● チャーンレートの算出法

$$\text{カスタマーチャーンレート} = \frac{\text{期間中に離脱した顧客数}}{\text{期間中の顧客数の平均}} \times 100$$

$$\text{レベニューチャーンレート} = \frac{\text{前期の収益} - \text{今期の収益}}{\text{前期の収益}} \times 100$$

どものオムツがめでたくとれると解約するような例だ。

こうしたナチュラルチャーン以外の離脱はすべて減収と受け止めなければならない。

顧客の維持率、離脱率はじわじわと影響を及ぼしてくるので、少しの改善でも収益が大きく変わる。退職金口座の利息の累計のようなものと考えてみるとよいだろう。わずかな利息でも、利息が利息を生んで、数十年後にはかなりの額になる。

たとえば、顧客数が１０００人で、年間の顧客維持率が85％だとしよう。新規顧客を獲得しなければ、４年後には１０００人いた顧客が５２２人まで減る――スタート時の半分をなんとか超える程度だ。

だが、価値の育成が功を奏して顧客維持率が90％に上がると（年間離脱率が15％から10％に下がる

● 顧客維持率 85%の場合と 90%の場合の比較

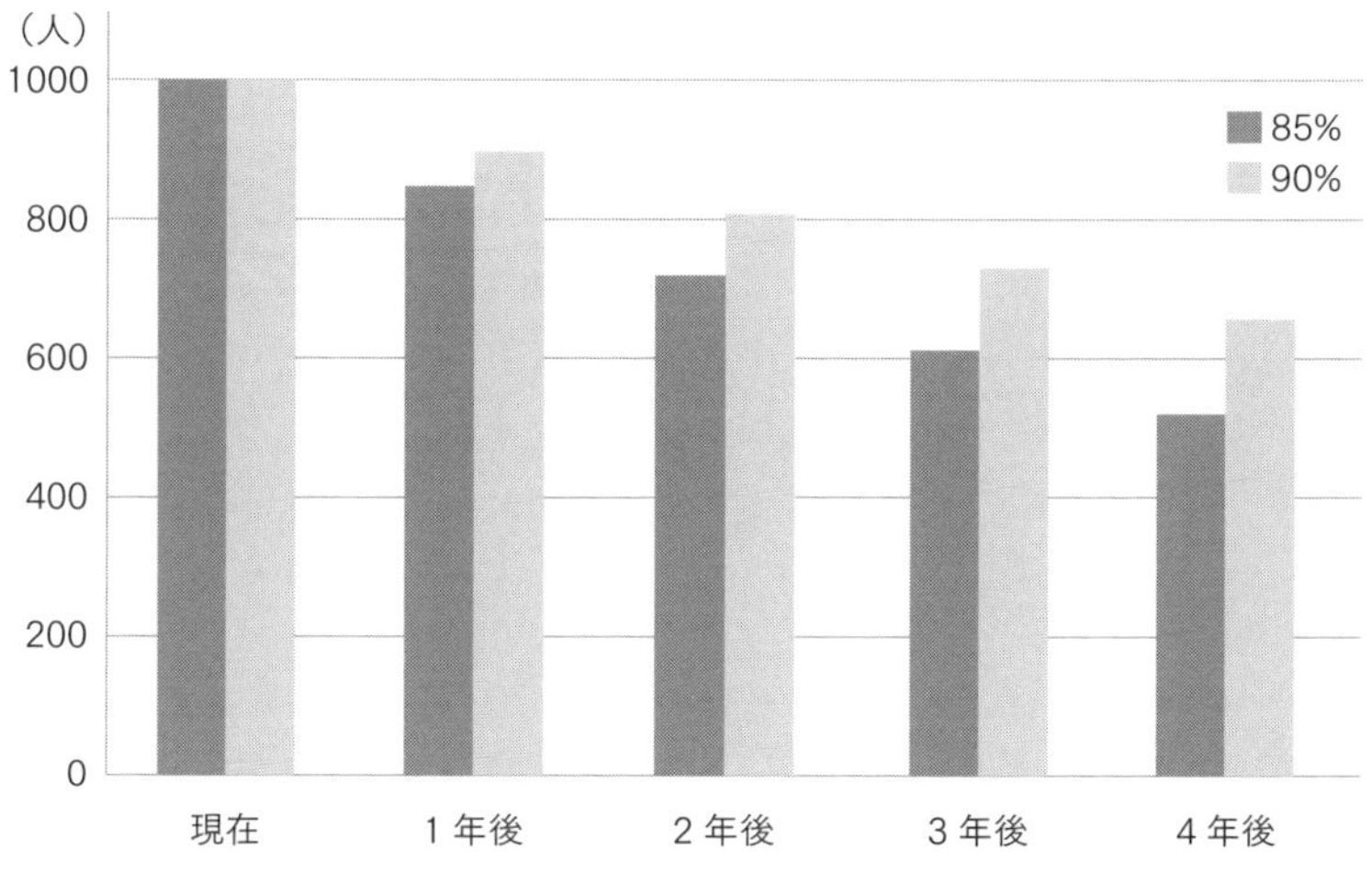

と)、4年後の顧客数は656人になる。

ここでは、新規顧客の数は考慮していない。顧客維持率が上がっていくと、新規顧客は離脱顧客の穴埋めをするだけでなく、顧客数の**増加**につながる。そして、翌年の維持率を支えるしっかりとした顧客基盤の一部となる。

スタートアップ企業は、初めのうちは顧客が離脱しても気にしないかもしれない。顧客を集めるのが比較的容易に思えるからだ。年間の売り上げが10万ドルの急成長中のスタートアップは、離脱で売り上げが1万ドル減少しても十分埋め合わせができると考えている。彼らは売り上げ100万ドルをめざしているので、1万ドルには目が向いていない。

会社が成長するにつれ、去っていった顧客の補充をすることがむずかしくなっていく。数が大きいからだ。年間収益が1000万ドルに達し、レベニューチャーンレートが10%なら、新たに100万ドル分の契約をとりつけなければならない。だが、これでは現状維持にすぎず、成長ではない——投資家は成長を求めている。

価値の育成によってこうした状況はどう変わるのだろう。

- 効果的な価値の育成を行って顧客がサブスクリプションの価値を認識できるようにすると、カスタマーチャーンレートが低下する。

- 価値の育成は、クロスセル、アップセルをかけてレベニューチャーンを補う環境を整える。既存顧客の購入額を増加させると、レベニューチャーンを相殺することができるかもしれない。

顧客ロイヤリティを高める

ロイヤリティの高い顧客はいつもそばにいてくれる。新しい商品やサービスを真っ先に試して感想を聞かせてくれるのは彼らである。知り合いに宣伝することも忘れない。彼らから薦められたという見込み客は、すぐにサブスクリプションの申し込みをする。

ロイヤリティの高い顧客は会社の成長を促してくれる。

企業は、行動を観察する、調査を行うなど、さまざまな方法によって顧客のロイヤリティの高さを測定する。

ネット・プロモーター・スコア（ＮＰＳ）は顧客ロイヤリティを示す指標としてよく使われている。「（この企業）を友人や同僚に薦める可能性はどれくらいありますか」。この質問に対する回答に基づいてロイヤリティが数値化される。

ＮＰＳを支持する人々は、ＮＰＳと企業業績、市場の評価は相関関係にあると言う。だが、ＮＰＳを収益や株価に照らしてみなくても、自社の商品、サービスを推薦してくれる顧客が会社にとって大切な資産であることは明白だ。口コミによるマーケティングは基本的にはコストがかからない。既存顧客から商品を紹介されたという見込み客は、通常の見込み客に比べて獲得コストが低く、すぐに顧客になってくれるケースが多い。

価値育成プログラムがすばらしいものであれば、顧客ロイヤリティや顧客満足の高さを示す数値が上昇するはずだ。サブスクリプションを通じて価値を実現していることに気づいた顧客は、それを知人に薦める可能性が高い。顧客に価値を実証することができれば、顧客は知人に情報を伝えやすくなる。

ＮＰＳは、自社の価値育成プログラムがどれほど

●ネット・プロモーター・スコア（NPS）の算出法

質問：あなたがこの商品を友人・知人に薦める可能性は？
０点（薦めない）〜 10 点（薦める）で回答

▼

９〜 10 点：推奨者、７〜８点：中立者、０〜６点：批判者　に分類

▼

NPS　＝　推奨者の構成比（%）　−　批判者の構成比（%）

たとえば、推奨者が 35%、批判者が 20%の場合、NPS は 15%となる。

効果的かを示すのに利用できる。NPSを使わない場合は、既存顧客から自社の商品、サービスを薦められた見込み客の数を調べるとよい。価値育成の成果が、顧客の宣伝、口コミとなって表れる。

顧客生涯価値を向上させる

1人の顧客が将来にわたって企業にもたらす利益はどれくらいなのだろう。平均顧客生涯価値を5%、あるいは10%上げることができたら、企業の収入にどの程度の影響が及ぶのだろう。

顧客生涯価値を細かく見ていくとすぐに計算式が複雑になる。大まかに言うなら、顧客生涯価値は次の3つの変数によって決まる。

支払額　一定期間内（月間、年間）に顧客が支払う金額
マージン　顧客の支払額から顧客の維持に要する費用を引いた金額の割合
チャーン　顧客が離脱する可能性

効果的に価値の育成を進めると、顧客生涯価値をさまざまな形で高めることができる。

- 顧客が早く成功するよう助けると、すぐに離脱する可能性が小さくなる。サブスクリプション契約を何度も更新する顧客は価値を増していく。
- 商品、サービスから大きな価値を引き出した顧客は（アップセルのキャンペーンやオファーに応じて）契約のグレードを上げる、あるいは長期間利用する可能性が高い。他のサービスの利用も考えてくれるだろう（クロスセル）。

顧客生涯価値は顧客の将来の経済価値を予測するものだ。価値の育成によって顧客生涯価値は向上するが、価値育成の効果を最初に確認できるのは顧客維持率やＡＲＰＡ（契約者一人当たり収益）などの指標である。

収益機会を重視する

マーケティングで何に力を入れるべきかという議論の見直しをするには、マーケティングにかかる費用を総売上高ではなく**収益機会**と関連づけて見てみるとよい。マーケティングを行うときは、当期の収益が大きいところではなく、これから大きな収益が**見込める**ところに時間とお金を投じるべきである。

いまの顧客ベースでどこに収益機会を見出せるかは以下の点によって決まる。

- 顧客が支払っているサブスクリプションの月額料金
- 顧客がサブスクライバーとしてとどまる平均期間
- 顧客が離脱する可能性（チャーンレート）
- 収益拡大の可能性（アップセル率、クロスセル率）

会社が成熟するにつれ、アップセル、クロスセルによる収益拡大の可能性が高まる。既存顧客には、新規の顧客と違って、獲得コストがかからない。価値の育成に少し投資するだけで、収益の可能性を確保、拡大することができるのである。

反対派を説得する

価値の育成は従来行っていたマーケティング業務に代わるものではなく、新たに**加わる**追加業務である。見込み客を創出する、ブランド認知を高めるなど、収益の増加につながる業務は休むことができない。したがって、さまざまな要望を受けてすでにプレッシャーを感じているマーケティング部門で、価値の育成に取り組もうという提案は簡単には受け入れられないかもしれない。

すぐれたマーケターは、異議を唱えられたとき、どう応じるべきかを学んでいくものだ。そこで、価値の育成に対してどんな反対意見がでそうかを想定し、どう答えればよいかを考えてみよう。

▼反対意見①「サブスクリプションサービスは新規事業なのだから、すべてのリソースを見込み客の創出に投入すべきである」

とくにサブスクリプションモデルを新しく導入する企業やスタートアップの場合、見込み客創出の重要性をもちだされると反論するのがむずかしい。しかし、チャーンが会社の成長に大きな影響を及ぼすことを考えると、価値の育成は初日から始めるべきである。顧客がまだ少ないうちなら、戦略を試しながら微調整していくことができる。初期の行動が、契約後も顧客にきちんとした対応をしていくというマーケティングチーム、営業チームの文化を築くのである。

▼反対意見②「経営陣は契約者の増加を望んでいる。既存顧客向けのマーケティングではなく、見込み客の創出に力を入れる必要がある」

新規顧客を獲得するより既存顧客を維持して売り上げを伸ばす方が、コストがはるかに低いことを思い出してほしい。カスタマーチャーンレートを低下させると、新たに顧客を獲得しても離脱顧客と入れ替わるだけという状況から脱し、顧客数が増加する。

▼反対意見③「マーケティング担当者は見込み客の創出、営業担当者は純新規契約に基づいてインセンティブを支払われる。既存顧客のために時間を使おうという人はいない」

これは最も厄介な反対意見である。システムが価値の育成を受け入れないものになっている。そうであれば、システムを改めればよい。

この章のはじめにいくつかの指標を挙げた。顧客維持率、チャーンレート、顧客ロイヤリティ、顧客生涯価値などだ。会社、役員、そして、営業チームやマーケティングチームのパフォーマンスの測定にこれらの指標を利用すればよい。たとえば、営業担当者の報酬はロイヤリティに基づいて支払い、顧客が契約を更新したときだけ全額を受けとれるようにすべきだとカスタマーサクセスの専門家は述べている。

顧客と長期にわたる関係を築いて価値を届けるという文化を築きたいなら、目的とインセンティブを結びつけることが必要なのだ。

22 価値の育成を開始する

あなたはすでにたくさんのスキルを身につけている。第2部ではさまざまな戦略について学んだ。ビジネスケースも作成済みだ。ためらう必要はない。今すぐ価値の育成を開始すればよい。

まだ同意を得ていないなら、小さなことから始めよう。ウェルカムプランや顧客のストーリーをマーケティング計画の中に組み込んでいけばよい。この「許可を得る前に行動する」方式でいくなら、自分で成果をしっかり把握して、取り組みを拡大していかなければならない。

通常の業務に価値の育成を加えるときどう進めればよいか、アドバイスしておこう。

マーケティングを整理する

どの戦略を選択するかは、自分が現在使っているマーケティング手法やマーケティングのスタイルによって左右されるだろう。

現代のマーケティングのプロは実に多様なトレンド、ツール、戦略に通じていなければならない。これまで利用してきたマーケティング用のテクノロジーやスキルのすべてが価値育成の方法に影響を及ぼすだろう。だが、戦略選択の最終的な拠り所は**顧客**でなければならない。

キャンペーンの開始にあたってまず必要なのは、今のマーケティングスキルや強みに合った戦略を選択することである。**コンテンツマーケティング**（記事や動画など、コンテンツによって見込み客を引き付け、収益につながる行動を促進するマーケティング手法）、**ソーシャルメディアマーケティング**、**マーケティングオートメーション**を使って自分たちがすでにどのようなことをしているかを確かめる。そのうえで、顧客とつながるにはさらに何をすればよいか、手軽な方法を見つけ出す。

コンテンツマーケティング

コンテンツマーケティングとは、見込み客や顧客が望み、必要としているコンテンツを作り出すことである。コンテンツによって価値を高める戦略など、いくつかの戦略にとって、コンテンツは欠かすことのできない推進力となる。

コンテンツマーケターは、特定の見込み客や顧客のニーズを満たすコンテンツをきちんとしたやり方で作成する。それには次の点を理解しておかなければならない。

- だれに情報を届けようとしているのか。コンテンツマーケターはペルソナを設定してターゲットを絞り、どんなコンテンツが必要かを具体的にイメージする。
- ターゲットとする顧客は何を求め、何を知りたがっているのか。
- 彼らは必要なものをどこに求めるのか。

これらの質問に答えたら、カスタマージャーニーの各ステップで顧客が必要とする有用なコンテンツを作成していく。

ペルソナを設定済みの人は、彼らが何を望み、必要としているかをすでに考えているということである。契約後の顧客を成功に導くのはそうむずかしいことではない。売り上げを伸ばすだけでなく、既存顧客に価値を届けることのできるコンテンツを作ることが重要である。コンテンツ・マーケティング・アソシエーションの創立者で『エピック・コンテンツマーケティング――顧客を呼び込む最強コンテンツの教科書』（郡司晶子ほか訳、日本経済新聞出版社、2014年）の著者でもあるジョー・ピュリッジはこう述べている。「顧客をより長く引きつけ、より満足させる、そして／または、より多くの支払いをさせることが、コンテンツマーケティングの第一の目的である」

ソーシャルメディアマーケティング

ソーシャルメディアは、顧客が価値のあるコンテンツを見つけるのを助ける、人々が交流できるコミュニティを作る、関係を強化するなど、多数の戦略で必要とされている。

企業の大半はプラットフォームの「ビッグスリー」、リンクトイン、フェイスブック、ツイッターを活用している。ユーチューブに動画を投稿したり、スラックでチームを作ったりする企業も多い。企業は、自社の顧客がよく時間を過ごしているソーシャルネットワークを利用するのが「適切」といえる。

しかし、ソーシャルメディアに身をおくだけではコミュニティは築けない。重要なのはそこで何を**する**かだ。ソーシャルメディアで大成功を収めるのは、顧客が価値を認める革新的なキャンペーンや戦略を展開する企業である。

ソーシャルメディアを利用すると、顧客重視の戦略を広い範囲で展開することも可能になる。たとえば、コミュニティ意識を育てるために人々が実際に集うイベントを企画したとしよう。ネットワークを通じてその情報はより多くの人々に伝わる。

メールマーケティング、マーケティングオートメーション

顧客重視の戦略の多くは、メールマーケティングやマーケティングオートメーションを利用して大規模に実践されることが多い。たとえば、

- 契約と同時にカスタマーローンチプランを開始し、一連のメールを段階的に自動送信する。
- サポートフォーラムで長い時間を費やしている顧客を見つけ、メールを自動送信する。あるいは、カスタマーサクセス担当のマネジャーに連絡がいくようにする。
- 顧客が主要機能をどの程度利用しているか自動追跡する。そして、問題をかかえている顧客を助ける、利用を促すなど、個別の対応をする。

自動化ですべてが解決するわけではないが、それによって浮いた時間を個人的関係の強化に使うことができる。

最初の価値育成キャンペーン

既存顧客を対象にマーケティングを行うのに違和感を覚えたら、小さく始めて拡大して

いけばよい。

初めに戦略を1つ選び、パイロットプログラムとして実践し、結果を評価する。これはマーケティングの対象を既存顧客に移すための実験のようなものである。他の部門と協力し、きちんとした方法で結果を追跡して何が成果につながるかがわかるようにする。

▼①既存顧客を対象にした最初のキャンペーンには、コストをかけずに手軽に実践できる戦略を選ぶ。

PART2で価値育成のためのさまざまな戦略を紹介した。現在行っているマーケティング活動にうまく組み入れることができ、特別な技術や知識を要しないものを選ぶとよい。

▼②キャンペーンの結果をどのように測定し、何をもって成功とするかを明らかにする。

キャンペーンに応じた指標を用意する。たとえば講習用動画なら、何人の顧客がクリックして動画を見たか、動画によって顧客の行動が変わったかどうかを追跡する。コミュニティを通じて価値の育成をしているなら、顧客エンゲージメントを観察する。収益を伸ばし顧客維持率を高めるのが最終的な目標だが、すぐに結果がわかる指標を選ぶとよい。

▼③パイロットプログラムを実験の場として学習する。

パイロットプログラムは実験であり、ある特定の顧客層にはどの方法が最も効果的かを理解するために活用しよう。

たとえばコンテンツを使って価値を高めるのなら、複数の形（動画、文書あるいは報告書、オーディオなど）を試し、どれが最も興味を引くかを確かめる。メールを送るなら、件名を2種類用意して、どちらの方が顧客の反応がよいかを確認する。意欲的に学ぶことが重要だ。

育成戦略の測定と最適化

価値育成の戦略の成果は、パイロットプログラムの開始時から追跡していかなければならない。価値育成のためのキャンペーンに必要な時間や予算が見込み客の創出に奪われないよう、成果を示す必要がある。マーケティングの重点を顧客に移しながら、成果が上がっているか、適切な指標を使って測定する。

前章で挙げた**ARPA**や**顧客維持率**、**顧客ロイヤリティ**を使ってビジネスケースを作成したなら、成果の測定にもそれに関連した指標を使わなければならない。

もちろん、チャーンレートや顧客ロイヤリティには多数の要素がからんでくる。なかには、マーケティングキャンペーンとはまったく関係のない要素もある。また、成果が明らかになるまでに数カ月かかることもあるだろう。マーケティングキャンペーンの結果をより早く評価できる方法を見つけることが必要である。

たとえば顧客エンゲージメントの高さは、コンテンツの閲覧やブログでのコメント、ソーシャルメディアでの共有、言及、クリックスルー、コンテンツのダウンロードをもとに測定できる。

また、顧客の行動からも成果を知ることができる。

- 特定の機能の利用増加
- 普及率の向上（たとえば、ある企業内のアクティブユーザーの増加）
- 既存顧客の口コミ

どの戦略を選ぶにせよ、全体的な目標に照らして成果を評価しなければならない。

順次展開する

価値育成の戦略は、いくつ展開すればよいのだろう。

戦略は、会社と顧客にとって適切なものを必要なだけ実践すればよい。

PART2で紹介した戦略は、多くが関連し合っている。何か1つ始めたら、顧客の立場に立って考えてみる。そうすれば、次はどの戦略を進めるべきか自ずとわかるだろう。

たとえば、既存顧客に顧客のストーリーを伝えると決めたとしよう。商品の典型的な使用例、あるいは価値の高い使用例がわかるストーリーを見つけて顧客に送る。そして、価値育成戦略のリストに1つチェックマークを入れる。

ここで、一度顧客の立場に立ってみる。すると、どうすればあんな風に使えるのだろうと考える顧客がいるかもしれないと思い至る。そこで、そんな顧客のためにどんなコンテンツを作成すべきか考えることになる。

ソフトウェアの販売会社なら、カスタマーサクセスチームと協力して、質問に対する答えや使い方がわかるコンテンツを追加すればよいだろう。ストーリーで紹介された顧客が登場する動画、オンライン教材、ウェビナーなども考えられる。顧客が次の段階に進めるようサポートしながら、あなたは価値育成の達人への道を歩んでいくのである。

23 組織的なサポート体制を作る

ここまで注意深く読んできた方には、本書のタイトルにある**マーケティング**という言葉は誤解を招くのではないかと思えるかもしれない。顧客を成功に導くには、営業、経理、業務、コンサルティング、研修、出荷、カスタマーサクセス、カスタマーサポートなど、社内の多数の部門の参加と協力が必要である。

映画『ジョーズ』のあの有名なセリフをもじるなら、「もっと大きなマーケティング用ボートが必要」なのである。

サブスクリプションのマーケティングを成功させるには、すべての部門の人々と協力をしなければならない。

顧客体験はどの部署が担当するのか

価値育成のための中心的業務はマーケティングチームだけが担っているのではない。

マーケターはカスタマーサクセスチームをはじめとするさまざまな部門と協力しなければならない。全員がよりよい顧客体験を提供する責任を負っているのである。

顧客から見れば、会社は1つの組織である。もちろん、そこで多数の従業員が働いているのはわかっている。請求の担当者が受注や発送、サポートの担当者と異なることも知っている。従業員が署名入りのメールを送ってくることもあるだろう。

それでも、なぜか顧客は会社に一貫性を期待している。どうかしてるって？

こんな経験はないだろうか。ある会社に問い合わせをしたら、担当者によって言うことが違い、いらいらさせられた。会社との関係が契約後、微妙に変化したような気がする。電話やメールへの対応が以前より遅くなっていないだろうか。ストーリーは変わっていないだろうか。

連絡がなかったり、説明が異なったりすると、あなたはどんな反応を示すのか。**あの会社は、部門間の意思疎通を欠いている。**そう考えるのだろうか。

いや、たぶんこう考える。**あの会社は私をだまそうとしている。**あるいは、**ダメな会社だ。あんな会社を信用していいのだろうか。**

会社が好意的な解釈をしてもらえるような関係を築いていない限り、大半の人はさっさと最悪の結論に至る。

連携を怠ると信用を損なう。

カスタマーサクセス

自社にカスタマーサクセスマネジメント（CSM）を行う部署があれば、価値の育成を開始するマーケティングチームは、まずそこと手を組まなければならない。契約を終えたばかりの顧客を支援するのはカスタマーサクセスチームであることが多い。マーケティングとカスタマーサービスは親友であり、友好な同盟国でもある。この関係が保たれないと、悪いことが起きかねない。

CSMという考え方が近年、とくにB2Bやソフトウェア会社の間で急速に広まっている。カスタマーサクセス・アソシエーションのホームページでは、CSMはこう定義されている。「マーケティング、営業、プロフェッショナルサービス、トレーニング、サポートという機能と活動を統合した新しい職種で、サブスクリプションモデルを採用する企業のニーズを満たす」

この定義によると、カスタマーサクセスチームはマーケティングに対する責任を負うことになる。

カスタマーサクセスチームの個々のマネジャーが少数の顧客に対して必要に応じたサポートをすることはよくある。しかし、顧客が数万人になると、個別の対応をするのはむずかしい。大規模な展開が必要になると、カスタマーサクセスチームは伝統的なマーケティングの手法を使う。この場合、マーケティングチームと協力することもあれば、自らマーケティングを行う体制を築くこともある。

ＣＳＭプラクティスは、さまざまな業界でカスタマーサクセスチームを支援するコンサルティング会社である。同社のＣＥＯ、イリット・イジップスは、カスタマーサクセスチームがどのような方法で多数の顧客への対応を行っているかをじかに見てきた。イジップスはこう言う。「顧客が数万人になると、担当者をどんなに増やしても、ハイタッチ（人間的な温かみのある）な個別対応はできません。マーケティングに通じた人物が必要になります」

マーケティングチームとカスタマーサクセスチームの協力がうまく進むこともある。共同でキャンペーンを行って、商品の利用を高めたり、支援の強化を図ったりするのである。しかし、組織の壁や予算によって協力が阻まれることがある。

たとえば、マーケティング担当者のインセンティブが見込み客の創出に基づいて決まるとしよう。すると、マーケティングチームは既存顧客の育成に予算を配分しようとはしないだろう。彼らの協力を得られないカスタマーサクセスチームは、マーケティングのノウハウを身につけている人物を社内のどこかから引っぱってきてメールを自動配信し、多数の顧客に情報を届ける。従来とは異なるメール配信ソフトやマーケティングオートメーションソフトを使うこともあるだろう。こうして独自に顧客とやりとりし、顧客データを蓄積していくのである。

これは顧客にとって望ましいことではなく、長期的には、会社にとってもマイナスである。しかし、マーケティングとカスタマーサクセスの協力がいかに重要かを企業が認識し始めると、状況は徐々に変わるとイジップスは言う。

カスタマーサクセスチームとマーケティングチームはさまざまな方法でよりよい顧客体験を提供することができる。

- 効果的な使用事例を見つけて、顧客に広める。
- 顧客のなかから潜在的アドボケイトを見つけ出してサポートする。
- ある機能や商品を使いこなすための「プレイブック」を作成して配信する。
- オンボーディングプログラムの終了時など、カスタマージャーニーの節目にメールを送る。

協力は、メールマーケティングのような簡単なところから始めればよい。カスタマーサクセスチームはメールキャンペーンや顧客向けイベントをマーケティングとして展開するだけでなく、トーンやスタイル、メッセージに一貫性を与えるところまで配慮するだろう。一方、マーケティングチームは、新しい機能が導入されるとき、それをカスタマーサクセスチームのマネジャーに知らせる。そうすれば、カスタマーサクセスからその情報を直接顧客に伝えることができる。こうした協力が進むと、だれにとってもプラスである。カスタマーサクセスチームが顧客のための主要な窓口であり、同じ担当者から届くメールは開封して読まれる可能性が高く、反応もよいだろう。イジップスによると、ＣＳＭがウェビナーの案内を送ると、開封率が高く、参加率もよい。

組織構造の変化

スタートアップ企業は、顧客と長期的関係を築くのが他の企業に比べて容易である。長い年月の間に厚くなった部門間の壁を打ち破る必要がないからだ。

スタートアップでは全員がいくつもの役割を担い、互いに気心が知れている。オフィスが小さいこともあって必然的にそうなるわけではあるが、よいことも、悪いことも、情報は直接耳に入ってくる。目標を共有し、だれもがすぐそばにいることから、部門など関係なく協力し合う。顧客に関する情報も共有されている。

しかし、会社が成長するとチームやグループが増えていき、縄張り争いが起きかねない。したがって、重要なのは、グループ同士が協力する文化を最初から築いておくことである。古くからある企業が、チームのあり方を改めるのはむずかしいだろう。だが、顧客と長期的な関係を保つためにこの問題をうまく処理している大企業を私は知っている。

価値の育成を進めてサブスクリプションビジネスを成功させるには、どのような組織作りをすればよいのか。先進的な取り組みをいくつか紹介しよう。

▼マーケターを別のグループに配属する

戦時には、従軍記者が前線で何が起きているかを世界に伝える。顧客ロイヤリティとアドボカシーを求める闘いでは、他のグループに送られたマーケターが単に報告をするのではなく、顧客のフィードバックを集めて、顧客のサクセスストーリーを生みだす。

カスタマーサクセスチームに送られたマーケターは、カスタマーサクセスの活動に先駆けて、それにふさわしいロータッチ（メール等を活用して人的接触を抑えた）のキャンペーンを行い、その活動が広く顧客に浸透するよう図る。

▼適切な組織系統

カスタマーサクセスチームは組織図のどこに位置しているのだろう。セールス担当役員に直属するのか、それともマーケティング、あるいはカスタマーサポートなのか。カスタマーサクセスチームは収益を生む部門と考えられているのか、費用だけが集計される部門なのか。

正しい答えはない。しかし、マーケティングとカスタマーサクセスが組織の異なる系統に組み入れられていたら、協力体制を築くのはむずかしい。

企業のなかには最高収益責任者という役職を設けてこの問題に対処しているところがある。サブスクリプションを基盤とする企業では、カスタマーサクセスが全体の収益に大きな影響を及ぼす。カスタマーサクセスチームはおそらくこの監督下に入るのだろう。

カスタマーサクセスチームのメンバーがマーケティングチームの会議や活動に参加すると、両者のつながりが強化される。ここから契約後の顧客を育てる文化が生まれるのだ。

▼顧客重視のインセンティブ

組織を変えるには、インセンティブシステムがどのようになっているかを確かめるところから始めるとよい。インセンティブには企業の文化や価値観がはっきりと表れている。

マーケティングチームが純新規契約数だけを基準にして評価されるとしよう。マーケターは契約の獲得ばかりに力を入れ、既存顧客のことを気にかけなくなるだろう。部門ごとに異なる基準を用いて成果を評価している企業は、基準を顧客体験に統一することを検討してみてはどうだろうか。たとえば、

- 営業チームのインセンティブは、顧客を維持できる期間によって決める。
- マーケティングチームは、純新規契約数だけでなく、顧客ロイヤリティや顧客維持率も考慮して評価をする。
- CSMチームは、カスタマーアドボカシーと顧客維持率を基準に評価する。

会社にとって望ましいインセンティブシステムができるようチームで考えなければならない。よりよい顧客体験につながり、部門間の協力を促すような評価法が求められる。

プロセスの変更

組織を変えるには強いコミットメントが必要であり、完遂できないことも考えられる。サブスクリプション・マーケティングを成功させる方法は、組織を変える以外にもある。

「仕事術」と題したさまざまな記事があるが、それに倣って価値育成のための効率のよいやり方を考えてみよう。

どんな企業も、創造性を働かせてプロセスを少し変えるだけで、会社全体の姿勢を大きく変えることができる。業種や規模に関わりなく、**あらゆる**企業で効果の上がるやり方を、ここでいくつか紹介する。

▼目的を定めた部門横断型チームを設置する

新しい委員会や会議に出席してやろうなんていう人はだれもいない。私にはこんな声が聞こえてくる。しかし、顧客体験が全社的な課題になっていくと、さまざまな部門の人々が一緒に取り組むことが必要になる。委員会を設置して定期的に話し合いをするというやり方を好まないなら、何のための集まりなのか、目的を明確にしたチームを結成してはどうだろう。たとえば、以下のような目的を設定する。

- オンボーディングプラン、ウェルカムプランの立案
- 新機能の導入
- お客様の声／顧客のフィードバックについての考察

▼他の部門で見習いをする

これは新人研修の一環として行ってもよいだろう。マーケティング部門の新規採用者をカスタマーサクセス、営業、フルフィルメント（受注から決済に至るまでの一連の業務）に送り込む。そして、マネジャーのもとで1週間ずつ見習いをさせ、顧客体験や顧客関連の問題について大まかに理解させる。1週間である必要はなく、1日に数時間でも十分かもしれない。どの従業員も少なくとも1度はこれを経験し、会社の状況が変わったら再度行う。

▼会議への出席を求める

価値の育成を進めるとき、カスタマーサクセスチーム、サポートチーム、営業チームの知恵を借りた方がよいことがある。そんな場合は、計画の**早い**段階で議論への参加を求めなければならない。途中経過を知らせずに最後に一言求めても、意思疎通の問題が深刻化するだけである。

考え方をリセットする

価値の育成によってサブスクリプション・マーケティングを成功させるには、常に顧客のことを考えていなければならない。マーケターは顧客の支持を集めようとするが、一方で、自らがアドボケイトとなって顧客を支持しなければならない。

マーケターは契約後の顧客のことを考えなければならないが、カスタマーサービスのマネジャーはマーケティングの考え方を採り入れなければならない。

サービスロケット（ServiceRocket）のカスタマーマーケティング責任者、サラ・E・ブラウンはこう述べている。「ポストセールスは存在しません」（ポストセールスは通常、購買後の顧客対応を指す。サブスクリプションでは購買後も販売機会が続くため、プリセールス・ポストセールスの区別が曖昧化する）。顧客の意見を集め、「お客様の声」でストーリーを紹介するために情報を収集する彼女は、自らをマーケターだと考えている。サービスロケットはソフトウェア会社に研修、導入、サポートのサービスを提供する会社である。

サービスロケットのウェビナーは顧客と見込み客の両方を対象に開催され、見込み客は顧客の質問や体験談を聞くことができる。ブラウンによると、ウェビナー、ポッドキャスト、「アスク・ミー・エニシング（AMA）」（どんな質問も受け付ける質問会）などの取り組みによって、顧客には価値を提供し、見込み客にはサブスクリプションがいかに有用かを理解させることが可能になる。

意識を変え、考え方を調整するには、オフィスに何かを据えつけるだけでもよい。アンバウンス(Unbounce)は、効果的なランディングページを作成するマーケターのためのツールだ。アンバウンスでカスタマーサクセスを担当するバイスプレジデントのライアン・エングレーは、顧客体験と顧客維持を何よりも重視し、社内では顧客のためのアドボケイトとなっている。

彼の率いるカスタマーサクセスチームは、顧客体験に関連するデータのダッシュボードを作成し、バンクーバーにある本社の各階の共用エリアに設置した。

あるダッシュボードでは、会社のサービスについて顧客から寄せられたコメントやツイッターで見つかったコメントが流れている。顧客体験が顧客の言葉で語られているわけだ。別のダッシュボードには、顧客数、アンバウンスを使って作成されたランディングページを見て顧客になった人の数、アクティブユーザー数、ロイヤリティスコアなど、サービスに関する主要業績評価指標(KPI)が表示され、更新されていく。

明るい色の大きな文字を使ったダッシュボードは人目を引く。アンバウンスの従業員にとっては顧客がその場にいるようなものである。

許可を求める前に行動する

たとえ部門間の垣根を越えた協力体制を敷くことについて上層部の支持が得られなくて

も、個人的なつながりによる昔ながらの方法でそれを進めることは可能だ。あなたがマーケティングチームにいるなら、カスタマーサクセスチームのマネジャーと友人になればよい。カスタマーサクセスの会議に出席し、何かできることはないか尋ねる。月に1度会う約束をする。あるいは、コーヒーを飲みに行く。

一緒にお昼を食べるのなら、それもいいだろう。

行動する前に許可を求めるより、何かした後で許しを請う方が簡単だという言い習わしがある。その言葉がまさにここに当てはまる。CSMのソフトウェアを提供するトタンゴが開催した会議で、私は他の部門との協力について何人かのカスタマーサクセスマネジャーと意見を交わした。参加者の1人は、協力の進め方について話してくれた。「上からの指示が出るのを待つのではなく、こちらから他の部門に働きかけると、簡単に話が進むことがある。その役を私が引き受けるんだ」

たくさんの人が「その役」を買ってでて、部門の垣根を越えると、価値の育成という文化がマーケティングチーム以外にも広まるはずである。

24 共通の課題とリスク

本書の初版の出版以降、私は顧客、観察者、ファン、そして、時にアドバイザーとしてサブスクリプションモデルを採用する多数の企業と話をする機会に恵まれた。そんなとき必ず話題になる点がいくつかあった。本章ではサブスクリプションを提供する企業に共通の疑問や課題、問題点をとりあげることにする。

話は、次のことを前提に進めていく。マーケターの契約後の最大の課題は**信頼の維持**と**価値の育成**である。顧客の信頼を裏切る行為、価値を損なう行為は何であれ、会社にとってダメージとなる。

企業がつまずくのはたいてい、自社の目的を果たすのに懸命で、顧客のことを忘れてしまったときである。信頼を保ち、価値の育成に励むと、顧客はいつもそばにいて会社の成長を助けてくれるだろう。

企業は顧客と長期的関係を築くことをめざしている。だが、それが簡単な話ではないことをだれもが知っている。顧客のなかには変化を嫌う人がいるし、要求の多い人もいる。そんな顧客のニーズを満たし、自社の利益にもかなうサービスが提供できるかどうか。サブスクリプションビジネスの成功はここにかかっている。

それがむずかしいことはみんな承知している。

では、まず、最もたちの悪い問題から見ていこう。それは、顧客に対する悪意である。

顧客を食い物にする

サブスクリプション・マーケティングと聞くと、何かうさんくさいものに出会ったかのように顔をしかめる人がときどきいる。

彼らは、顧客を利用する非倫理的な企業、あるいは、定期収益を得るだけの怠惰な企業と取り引きをした経験があるのだ。それらの企業はサブスクリプション・マーケティングの「ダークサイド」である。

あなたもこんな会社に関わったことや、噂を耳にしたことがあるだろう。

- キャンセルが不可能なケーブルテレビ契約。「ホテル・カリフォルニア」型ビジネスモデルと言える。

- 契約したら最後、一生抜けだせないレコードクラブ、ブッククラブ。
- ある日突然、サブスクリプションの利用代金を請求された。確かに申し込みはしたが、その後会社から何の連絡もなかった、あるいは、まったく利用していなかったために、すっかりそのことを忘れていた。

企業のなかには、顧客が気づかないうちに稼げるだけ稼ぐことを目的にサブスクリプションモデルを採用するところがある。顧客をだましたり混乱させたりして、提供したサービス以上の支払いを求める。このような企業は短期的にはもうかる。しかし長期的には、顧客の信頼を失ってビジネスは行き詰まる。

顧客にこんな経験をさせる企業があるために、あとに続く企業は苦労する。いつまでもビジネスを続けたいなら、顧客にもたらす**価値の維持**に努めなければならない。顧客経済価値（EVC）という考え方に立ち戻るのだ。顧客経済価値とは、顧客が体験する有形、無形の価値のことである。顧客によりよい体験を提供すると、商品、サービスの価値が増し、長期的には企業の価値も高まる。価値というものはゼロサムゲームではない。

サブスクリプションビジネスでは、顧客価値が企業価値を生む。

「ダークサイド」は強い力で人を引きつける。社内、あるいはあなたの頭のなかでダークサイドに誘う囁きが聞こえてはいないだろうか。誘惑にのってはいけない。ダークサイドに引き寄せられそうになっていないか、どうすればわかるのだろう。それを知るには、ビジネスモデルや収益計画が顧客の利益を最優先するのではなく、顧客の判断ミスを当てにしたものになっていないか確かめるとよい。たとえば、

- 顧客が契約についてすっかり忘れていることを期待している。契約の更新を断られるといけないので、契約更新の時期には顧客と接触しないよう気をつける。
- 顧客は実際に必要なプランよりグレードの高いプランを選ぶ。この事実に基づいて収益の見通しを立てている。
- サービスを1度利用したいだけの顧客に、サブスクリプションを申し込ませる。不注意や怠慢からキャンセルが遅れるのを期待する。
- 契約、更新は簡単にできる。しかし、キャンセルは手続きを煩雑にするなど、すんな

りとはできない仕組みになっている。

このような考え方に毒されたら、すぐに気づかなければならない。**あなた**が気づくということは、顧客も間違いなく気づくということだ。

潜在的顧客や既存顧客は、顧客を陥れようとする会社を見てきた。彼らはあなたのしていることを過去の経験に照らして、どこかに悪意が感じられないか確かめる。信頼を獲得し、維持することはとてもむずかしいだろう。

あなたのビジネスモデルの基盤は高い価値の提供にあるものとして、次に話を移そう。次は、実務上の誤りや課題について話したい。警戒心の強い顧客は、ちょっとした間違いでさえ、ダークサイドに移る予兆ではないかと考える。

部門間の垣根が顧客との関係を損なう

サブスクリプションビジネスを進めるうえで何が最大の障害かと問われたら、各部門が垣根を築き、意思の疎通を欠いている点を私は挙げたい。

会社の内部にいると、そうした問題にはなかなか気づかないものだ。たとえば、マーケティングチームは顧客がカスタマーサクセスチームとどのようなやりとりをしているのか把握していない。マーケティングの段階でなされた約束が、フルフィルメントの担当者まで伝わっていない。

各部門が連絡をとりあっていないと、サービスが滞ったり問題が発生したりする。顧客は会計チーム、サポートチームとたらい回しにされ、何度も同じ説明をしなければならない。深刻なケースはトラブルチケット、あるいは苦情として処理される。

しかし、顧客に対するアプローチやメッセージのズレなど、ちょっとした不都合は見落とされがちである。たとえば、「お客様第一」を謳うヒップで楽しいマーケティングメッセージを届けながら、登録や申し込みの手続きはむずかしく煩雑で、顧客が行き詰まってサポートを必要としているときに、アップセルのための陽気なメッセージが届いたりする。

顧客は問題に気づくが、会社側は気づかないままかもしれない。

契約を済ませた顧客がマーケティングチームの手から離れてしまうと、このような問題が深刻化する。あなたの会社でもさまざまな部門が別々に顧客対応をし、顧客がどのような体験をしているのかすべてを把握している人はだれもいない状況かもしれない。

すぐれたサブスクリプションマーケターは常に他のチームと協力をする。

顧客データを慎重に取り扱わない

顧客から集めたデータは、価値の育成に大いに役立つ。個々の顧客に本人の利用データを送ることもできれば、総合的なデータを広く共有することもできる。

しかし、その、いわゆるビッグデータが個人情報の膨大な蓄積であることを忘れてはならない。データは各人の行動を示している。うっかり情報を漏らしてプライバシーを侵害することのないよう注意が必要である。

顧客データが危機にさらされるのは次のような場合である。

- セキュリティが甘く、データが盗まれて外部に漏れる。
- 顧客データの不適切な提供。個人情報を匿名化しなければ、漏洩した場合に個人が特定される。データのなかに財産に関する情報が含まれているときは、とくに注意が必要である。ハッカーはクロスレファレンスによって個人を特定する。

一般論として述べるなら、「どうして私のことをここまで知っているのだろう」と顧客に思われるようなことは避けるべきである。以前はリターゲティング広告（サイトを訪問したユーザーの行動を追跡し、別のサイトの広告枠に広告を表示すること）がそうだったが、今はだれもなんとも思わなくなっている。とはいえ、パートナー企業への顧客データの提供については慎重に検討し、データの利用、提供にあたっては法律に従わなければならない。

顧客にサービスを提供する、あるいは価値を高める以外の目的で顧客データを利用するときは、なぜそうするのか真意を自分に問うことが必要だ。会社の名声や栄光のためなのか、それとも顧客に利するためなのか。

誠心誠意やっていたのに最悪の事態（たとえば、データの盗難）が生じた場合、その事実を隠そうとしてはいけない。すぐに誤りを認めて問題を解決し、信頼を回復することが重要である。

成長を追い求める——スタートアップの苦悩

Yコンビネーターはシリコンバレーにオフィスを構える神話的存在のインキュベーターである。その支援を受けて起業したホームジョイ（Homejoy）はハウスクリーニングのサブスクリプションサービスを提供して、急成長を遂げていた。

2012年にホームジョイはサービスを開始、契約当初の料金を割り引いて顧客の獲得と急速な成長を狙った。クランチベース（CrunchBase）によると、ホームジョイは2013年3～12月に6000万ドル以上の資金を調達した。

ところが、2014年7月、何のおもしろみもないハウスクリーニング業界に華々しく登場したホームジョイが突然営業を停止した。

　このとき同社は、サービスを提供していた独立請負業者から訴訟を起こされていた。しかし、顧客維持の方が深刻な問題だったと元従業員が語ったことを、『フォーブス』でエレン・ヒューイットが明らかにしている。

　名前は伏せられているが、元従業員の話によると、割引料金に引かれて契約した顧客はほとんど契約を更新しなかった。顧客維持率は非常に低かった。ホームジョイは成長を追い求め、顧客を維持することを考えていなかった。いや、自ら顧客の維持を困難にしてしまった。

　十分な資金を提供されたスタートアップが投資家に実力を示そうとすると、こうした事態に陥ってしまう。成長を求めるあまり、顧客の維持がおろそかになる。

　サブスクリプションボックスを提供する会社を立ち上げたばかりのある人物が、こう語っていた。「顧客の育成という考え方はすばらしい。でも今は、顧客を獲得することが何よりも重要なんだ。価値の育成については後で考えるよ」

　顧客のことを考えないスタートアップには、「後で」は決してやってこないだろう。

　スタートアップは、成長と顧客維持について2つの現実に向き合わなければならない。

1. 新しい見込み客や顧客を「十分」獲得したとは決して思えないこと。会社が成長するにつれ、「十分」の基準を上げていくからだ。

2. 成長をめざすなら顧客の維持が欠かせないこと。顧客が1人去るたびに新規顧客を1人見つけたとしても、現状維持が精いっぱいだ。顧客を満足させると、商品の宣伝をし、見込み客を引き寄せてくれる――彼らは成長の原動力である。

スタートアップの成長についての苦悩は、どの企業も経験するわけではない。ホームジョイが営業を停止したころ登場したのが、企業向けコミュニケーションツールを提供するスラック・テクノロジーズだった。2013年夏のことである。スラックは記録的な速さで評価額が10億ドルに達した。その成功の理由の1つは、同社がスタート時点から顧客への価値の提供を重視していたことにある。スラックの顧客は、スラックのセールスとマーケティングを推進する力となった。

グロースハック（新たな方法で成長を加速させること）に関心があるなら、どんなに小さな会社も、顧客に高い価値を提供しているかどうか、しっかりと確かめなければならない。価値の育成を企業文化に根づかせるなら、創業時から取り組むことである。

顧客から価値をとりあげる

人は損をすることをひどく嫌う、と心理学者や行動経済学者は言うだろう。すでにもっているものを手放すのが本当にいやで、損を回避できるなら労力を惜しまない。サブスクリプションサービスを提供する企業はこの事実を忘れてはならない。

会社が成長、発展していくと、それに応じた変化が必要になる。だが、できれば、顧客が損をしたと感じるようなことは避けるべきである。

たとえば、フリーミアムモデルを採用する企業がある。これは、大半のユーザーが無料サービスを、一部のユーザーがプレミアムサービスを利用するもので、無料のユーザーはアップグレードするつもりはまったくない。彼らはそのサービスがとても気に入って、噂を広め、それが会社の急成長につながる。会社はあまりにもサービスが広まったため、無料サービスの質を落とすことにする。満足した利用者が全員喜んで有料サービスに切り替えるものと思っているのだ。それに、これまでお金を払わずに利用してきたわけだし、何の文句があるだろうと。

だが、利用者は数年、あるいは数カ月の間無料で使えたことに感謝するのではなく、裏切られた、だまされたという思いをもつ。そして多くの人は切り替えを拒む。貪欲な会社に対する不満をソーシャルメディアで声高に訴える人も現れる。

料金体系を変えるときも似たような問題に突き当たるだろう。ネットフリックスは料金を引き上げるたびに抵抗にあう。

損失を嫌う、あるいは、利益を求める以上に損失を恐れるという人間の性質は厄介なものだ。何かを無料で提供されると、すぐにそれを自分のものと感じるようになる。そして、提供が打ち切られるとだまされたような気になる。損失の痛みが判断をゆがめるのである。

ここから学ぶべき教訓は、

1. フリーミアムモデルを採用するなら、成長期の間ずっと維持できるものにしなければならない。
2. 料金体系やサービスの変更が必要になったら、それを顧客に損失と感じさせることは避けなければならない。たとえば、料金を引き上げる場合、同時に機能を追加することはできないだろうか。確実な損失ではなく、利益をもたらす可能性のあるものとして提示する方法はないのか。

複雑な料金体系が命取りとなる

サブスクリプションビジネスで最もむずかしいポイントの1つが料金設定である。

- 料金は、ビジネスを維持できる水準に設定する。つまり、顧客の獲得やサービスの提供にかかった費用をまかない、利益を確保できる料金にするということである。
- 顧客がサービスを利用することでどれくらいの価値が得られる（顧客経済価値）ものと期待しているか、それを考慮したうえで料金を設定する。
- 一方で、料金水準によって顧客の期待は変わる。そして、どの顧客層を引きつけるかも決まってくる。

料金が低すぎると経営難につながりかねない。また、安さは求めるが更新は希望しない客や、常により安いサービスを求めている客を引き寄せることになるかもしれない。あなたの提供する商品、サービスの価値を認め、ロイヤリティの高い顧客として長期間とどまってくれる客にアピールするには料金をいくらにすべきか、見極めなければならない。

また、料金だけでなく、料金体系をどの程度複雑なものにするかも決める必要がある。料金プランは何種類か用意するのがよいだろう。

人は選択を好む。今日のビジネス環境においては、人は何かを買うとき、ある程度選択の幅があることを望み、期待している。選択が可能だとコントロール感がもたらされる。

コントロール感を得ると、人は満足する。

だが、選択肢は多ければ多いほどよいというものではない。選択肢があまりに多いと、論理的、分析的に頭を働かせ、最善の選択をするためにエネルギーを使わなければならない。たとえば企業向けの複雑なソフトウェアを売る場合なら、その分析も販売サイクルの一部と考えられるかもしれない。しかし一般的には、決定を下すのに要する時間を**最小限に抑える**ことで販売サイクルは短縮される。

認知科学によると、選択肢が**多すぎる**と、選択した後、後悔することが多い。興味深い話である。苦労して選択したときの方が、後悔する可能性が高いというのだ。あとで改めて考えてみたり、別の選択肢の方がよかったのではないかと思ったりするのだろう。

潜在的顧客に選択肢を与えすぎると、不満を抱えた顧客を生みだすことになる。

料金体系を決めるときは、自分の経験に照らして考えてみるとよい。たとえばネットフリックスの動画配信サービスには、ベーシック、スタンダード、プレミアムの3つの視聴プランがある。画面で表を示して違いを説明し、画質や同時に視聴可能な画面数までわかるようになっている。これなら、プランの選択にそれほど時間を要しないだろう。

商品、サービスの内容がもっと複雑な場合はどうするのか。決定までの過程をいくつかの段階に分け、段階ごとに選択肢を2、3示せばよい。たとえば、アドビ・クリエイティブ・クラウドにはコンプリートプランと単体プランがある。アドビはいくつか簡単な質問をして、選択しやすいよう図っている。

- 複数のアプリを使うのか、1つのアプリだけを使うのか。
- 1つのアプリだけを使うなら、どのアプリにするのか。

選択をする客の負担を最小限に抑え、後悔させないようにしなければならない。

顧客ベースの縮小を無視する

これは、サブスクリプションビジネスを以前から手がけていたが、顧客ベースが縮小し始めたというケースである。

サブスクリプション・エコノミーは、消費者向けメディア（新聞、雑誌）のようにサブスクリプションサービスを古くから提供してきた多数の企業を混乱させている。顧客ベースの拡大が止まったらどうすればよいのだろう。ロイヤリティの高い顧客が離脱しなくても、新規の顧客を多数獲得することができなければ、ナチュラルチャーン（自然減）によって顧客ベースは縮小する。

こんなときは、サービスを追加、変更してターゲット市場の拡大を図るとよい。会社をこれまで支持してきた顧客は大切な資産である。創造的に取り組めば、きっと彼らが後押ししてくれるだろう。

公共ラジオ局のナショナル・パブリック・ラジオ（NPR）は旧モデルのメディアのように思われるだろう。政府の交付金を受け、リスナーの支援も得てNPRは運営されている。寄付して放送を聞くリスナーは、サブスクライバーのような存在である。

NPRは常に新しいものを採り入れることで、古びない、時代に即したメディアであり続けてきた。ポッドキャストというトレンドにも素早くのり、大きな成功を収めている。顧客によりよいサービスを届け、リスナーの増加を図るために、NPR Oneというアプリの提供も開始した。このアプリを使うと、全国ニュースや地方のニュース、NPRのポッドキャストや他のソースのポッドキャストなどから好きな番組を選んで順番に流すことができる。このアプリの利用者は着実に増えている。

由緒ある『ニューヨーカー』は私にとって子どものころから生活の一部だった。両親が毎週購読するこの雑誌をパラパラめくっては理解できる漫画を探していた。『ニューヨーカー』は今、ソーシャルメディアやオンラインの世界に進出し、既存（そして新規）の顧客に価値を届ける新しい方法を見つけている。たとえば、iPhoneアプリを使うと、詩人が印刷版で発表した作品を朗読するのを聞くことができる。

顧客に現在提供している価値をさらに多くの人々に届けるにはどうすればよいか、それを考えるところから始めればよい。

25 価値育成のための4つの基本的ルール

契約を済ませた顧客を支援、育成するには、いくつかの基本的ルールに従わなければならない。

1. 価値の育成はまず顧客から。
2. 人間的に。しかし、一貫性を大切に。
3. 誤りはスマートに処理する。
4. つきまとわない。

これらのルールは価値の育成だけに適用されるものではない。この大半が、いや、すべてがおそらく日々実践されているだろう。これについては他の章でもすでにお話しした。しかし、顧客と長期的関係を築くサブスクリプションモデルでは、これらのルールは単なるオプションではない。ここでもう一度確認しておくことにしよう。

ルール1　価値の育成はまず顧客から

価値育成のための戦略を進めるときは、次の点を確かめなければならない。これは会社のためなのか、顧客のためなのか。

長期的な成功をめざすなら、企業は**顧客**のニーズに応えなければならない。賞を獲得しネット上で急速に広まる、よくできた動画がある。だが、そんな動画も、価値育成という点から見れば、顧客が楽しい、有用だと思わない限り意味はない。

価値の育成は、顧客の視点に立つところから始まる。

マーケティングチームは、とくにB2B市場で、自社の製品のすばらしい機能について伝えるために多大な時間とお金を費やす。技術に詳しい人のなかには、製品のすばらしさと、それが顧客にどう役立つかを区別できない人がいる。

大手企業は自らがヒーローのストーリーをよく語る。私はこんなリクエストを聞いたことがある。「わが社のCEOがいかに先見の明があるかを伝える記事が必要なんです——

彼の特集にしましょう」。顧客ではなく株主を満足させなければならないこともあるだろう。だが、これを顧客のためのコンテンツ作成と混同してはいけない。

価値の育成では、顧客をストーリーの中心に据える。

ジョナ・サックスは著書『ストーリー・ウォーズ――マーケティング界の新たなる希望』（平林祥訳、英治出版、2013年）で**「未充足マーケティング」**の長い歴史について述べている。これは、何かが**足りない**という思いは購入によって満たすことができるという考え方に基づいたマーケティングである。

この手法で語られる物語は、人は不完全なのだと伝えることで、強欲や虚栄、不安といった未熟な感情を呼び覚ます。その上で、そうした感情に対する不快感を排除するために、ブランドへの帰属や消費を促すのである。

未充足マーケティングでは、ストーリーのヒーローは常に商品、サービス、あるいは、それを提供するブランドである。適切な商品を買いさえすれば、もっと洗練される、お金持ちになれる、クールになる、あるいは、のどの渇きが癒される。私たちの周りにはこんなメッセージがあふれている。

サックスはこれに代わるアプローチとして「**エンパワーメント・マーケティング**」を紹介している。これは、顧客を成長、成熟へと導くマーケティングである。エンパワーメント・マーケティングでは、顧客がストーリーのヒーローとなる。商品、サービスはカスタマージャーニーのなかで顧客を助け、成長を可能にする役割を果たす。

アップルの広告を思い出してほしい。iPadを使ってすばらしいこと、創造的なことをしている人々がでてくる。そこでは、iPadは何かを実現するための手段であり、主役は**顧客**である。

サブスクリプションモデルでは、未充足マーケティングは機能しない。商品、サービスが作り出された未充足ではなく真のニーズに応えるものでなければ、顧客はそれに気がついて契約を打ち切るだろう。だが、エンパワーメント・マーケティングは違う。あなたのメッセージに顧客が共鳴し、やがて彼らが主役となる。

価値の育成とは、カスタマージャーニーに加わって顧客を支援することである。あなたの提供する商品、サービスが顧客の大きな力となれば、あなたの会社も成功を手にすることができるだろう。

ルール2　人間的に。しかし、一貫性を大切に

顧客は自分が取り引きをしている会社に多くを期待している。

会社は人の集まりであると顧客は理解している。問題が生じたり聞きたいことができたりすると、生身の人間に対応してほしいと思う。社員は自分の名前でブログを書いたりツイートしたりしているだろう。会社のサイトの「当社について」には、温かみを感じさせるために写真や従業員のプロフィールが掲載されている。

だが一方で、顧客は会社に一貫性を求めている。相手がセールスチームであれ、サービスチームであれ、同じ説明を繰り返すのはいやだと思っている。担当者が替わるたびに言うことが変わるのもごめんだ。このとき顧客は会社を1つの存在としてとらえている。

サブスクリプション・エコノミーのマーケターは、一貫性と人間性の両方が求められていることを忘れてはならない。顧客が契約後会社に何を求めるかは、マーケティングメッセージ、トーン、スタイルによって決まる。マーケティングがブランドパーソナリティを決め、それが会社の行動指針となる。

どんなパーソナリティを示すにせよ、それは会社や従業員とかけ離れたものであってはならない。顧客を大切にする、価値観重視の企業という位置づけをするなら、どの部門もその姿勢で顧客に接しなければならない。

一貫性を保つには、スタイル基準を作成するとよいだろう。マーケティングチームだけでなく全社でそれを共有しよう。

トーンやスタイルを考えなければならないのは、文書やオンラインでのやりとり、電話、ウェブサイトだけではない。たとえば、リンク先のウェブページが閉鎖していたということがあるが、ＩＢＭの場合は、「お客様へのお断り」で始まる丁寧なエラーページがある。そこには目的のページを見つけるためのリンクやサポートのためのリンクが張ってある。信頼されるビジネス、テクノロジーのアドバイザーをめざす企業にふさわしいページといえる。

これと対照的なのが、ギーク・スクワッド（Geek Squad）。ギーク・スクワッドはテクニカルサポートを提供する、遊び心に満ちた会社である。キャッチフレーズは「社会に奉仕し、技術を管理し、世界を守る」。従業員は「特別捜査官」のバッジをつけ、ギークモビールと呼ぶ車に乗って出張修理に行く。

ギーク・スクワッドのエラーページに行き着くと、こんな言葉が目に飛び込んでくる。「なんてことだ、インターウェブを君に壊されてしまった！」メッセージはさらに続く。「急げ！　時空の構造がバラバラにならないうちに、まだ機能しているリンクをクリックするんだ。ところで、ご不便をおかけしてスミマセン」

どちらの会社も、ブランドパーソナリティがエラーページにまで表れている。エラーの話がでたところで、次のルールに移ろう。「過ちは人の常」であるなら、そのうまい処理の仕方を心得ておかなければならない。

ルール3　誤りはスマートに処理する

人生と同じようにビジネスでも、誤りを犯したらそれを認め、きちんと対処しなければならない。

顧客に誠実に対応していても、あまり聞きたくないような否定的な意見が寄せられることがある。これはまたとないチャンスである。何かを訴えてくる顧客が1人いたら、同じように困っているものの何も言わない顧客が数十人いるかもしれない。何が問題かを突き止めて対処すると、他の多くの顧客のためにもなる。苦情を言う顧客には感謝しなければならない。苦情は改善につながるからである。

ミスをしたり、問題を指摘されたりしたら、隠し立てせずすぐに対処するのがよい。何か間違いがあるとソーシャルメディアで盛んに言い立てられるが、こそこそせずに処置をすると、そのうち何も言われなくなる。だが、ごまかしたり、顧客を責めたりしようものなら、非難が殺到するだろう。

今日の極めて透明性の高い世界では、顧客と争うほど見苦しいことはない。ニューヨーク市のあるホテルは、ここで行われる結婚式の出席者がネガティブなレビューを書くと罰金５００ドルを科していた。どう考えてもひどい話で、ソーシャルメディアにはコメントが殺到した（消費者がここから学ぶべき教訓は、結婚式場の予約をするときは、サインをする前に必ず契約書を読もう、ということだ）。

ルール4　つきまとわない

顧客と関わり合うときは境界線の確認が必要である。境界線のこちら側はカスタマイズの世界、向こう側は「ビッグ・ブラザー」（ジョージ・オーウェルのＳＦ小説『１９８４』に登場する独裁者）、監視の世界。これを越えてはならない。

テクノロジーとビッグデータは、顧客がネット上で何をしているかをリアルタイムで知ることを可能にした。これを利用すると、ターゲットを絞ったキャンペーンを行って顧客を喜ばせることができる。しかし、ネット上で顧客の行動を追い、把握していることがわかるようなメッセージを送ると、気味が悪いと思う顧客もいるだろう。

同じことをしても、ある顧客は喜び、ある顧客は動揺する。顧客のことを理解することが必要である。可能なら、キャンペーンをプライバシーの侵害だと感じる顧客に、データの利用を制限できる機会を与えるとよい。あなたの会社のウェブサイトを訪問して、ログインしなかったから、自分が訪問したことは知られていないと考えているような顧客には、とくにこうした措置が必要である。Cookieを保存する、あるいはログイン状態を保つ許可をはっきりと求めていない場合は、顧客に何かを不用意に伝えないよう注意が必要である。ビッグ・ブラザーと取り引きしたい人はだれもいない。

あるキャンペーンや新たなアイデアが行き過ぎかどうかわからないときは、何人かの顧客に試して反応を見る。重要なのは、あなたではなく、**彼ら**がどう思うかである。さらに一言つけ加えるなら、アドバイスを求めるのは価値育成のためのテクニックである。顧客に何かを尋ねることは関係の強化につながるかもしれない。

26 マーケティング機会

本書ではさまざまな戦略を紹介したが、それはすべて次の事実に基づいたものである。サブスクリプションモデルを採用する企業は顧客と契約後、長期にわたる関係を築いていく。カスタマーマーケティングは「やったほうがいい」活動ではなく、最も重要な活動である。

サブスクリプションという流れに適応するため、マーケターはさまざまな課題を抱えている。しかし、会社に変化をもたらしたいなら、今こそ絶好のチャンスである。マーケティングのプロとして、あなたは自由に創造性をはたらかせばよい。より多くの人々とつながって、会社のため、顧客のために価値を創造していけるはずである。

求められる創造性

マーケティングの古いルールはもう使えない。これは、新しいルールを自分で作ればよいということである。サブスクリプション・マーケティングのことは、だれもが実際にマーケティングをしながら学んでいる。すべての答えを知っている人はだれもいない——マーケティングの権威でさえも。

膨大な予算があればよいが、実際のところ必要ではない。コカ・コーラやプロクター・アンド・ギャンブル（P&G）のような大々的にマーケティングを行う企業が、自分の市場のことをよく理解している中小企業の挑戦を受けている。コンテンツマーケティング、ソーシャルメディア、デジタルマーケティングなら、どんな企業も同じ条件で競争することができる。ビジネスモデルを変えると、顧客に価値を届ける新しいプラットフォームが生まれる。

ストーリーはマーケティングにとって欠かせないものであり、そこで重要になるのが創造性である。第2部でもみたように、従来の考え方にとらわれない発想をする人は、顧客に大きな影響を及ぼすことができる。

あなたは進化を続けるサブスクリプション・マーケティングの世界に身をおいている。周囲を見回してよく学ぶことである。

大きな役割を果たす

あなたは顧客価値を高めるためのアドボケイトとして、マーケティングチームを離れて活動しているかもしれない。もしまだなら、ぜひそうすべきである。サブスクリプションモデルはマーケターにより大きな役割を果たすチャンスをもたらしてくれる。顧客を獲得するための伝統的なマーケティングの枠組みを超え、会社の進む方向や売り上げに直接影響を及ぼすことが可能になるのである。だが、それを実現するには、顧客との関係維持に関わるすべての部門と密接に協力しなければならない。

本書ではマーケティング以外のチームについても述べてきた。カスタマーサクセスに関連する業務を行っているのは、カスタマーサポート、契約更新、顧客管理などのチームである。また、商品デザイナーや研修、文書、運営を担当するスタッフとも協力し、顧客の期待に応えていかなければならない。

より広く協力を求めると、よりよい顧客体験を提供することが可能になる。

会社の価値を高める

マーケティングは、契約を獲得するためだけのものではなくなった。サブスクリプションの顧客に契約を更新し、自社の商品、サービスを利用し続けてもらうには、問題を解決し、真の価値を届けなければならない。そのためには顧客を深く理解することが必要である。

自分が取り引きをしている会社の**価値観**を知りたいと思う人が増えている。顧客との関係を強化しなければならない企業は、**自社**の価値観がどのようなものかを理解し、それを明確にすることを求められている。うれしいことに、価値観を重んじる企業で働く人々は仕事熱心である。

仕事はどんどんおもしろくなるだろう。

世界を変える

最後に、サブスクリプション・エコノミーで世界はもっとよくなるという私の楽観的持論を述べておきたい。

サブスクリプションビジネスで成功するには、長期的視点に立って顧客との関係を築いていかなければならない。これを前提に考えると、サブスクリプションモデルでは短期的利益が今ほど重視されなくなる。それは喜ばしいことだ。現在の金融システムは短期的利益を求める人々によって動かされているが、短期的利益を求めて行動すると長期的悪影響がもたらされるからである（環境破壊や2008年の金融危機がその例だ）。

サブスクリプションを成功させるには、顧客のロイヤリティが何といっても重要だ。顧客と価値観を共有する企業はとても有利な立場にある。これからは価値観を重視する企業が増えてくるはずだ。倫理的な企業、価値観に基づいて行動する企業は他社より優位に立てる。

　この動きが広まっていくと、どんな社会が生まれるだろう。世界経済は信じられないくらい堅固なものとなる。そして、人々が気にかけている問題への取り組みが少しずつ進んでいくと、多大な成果が上がるだろう。このように、そう、サブスクリプション・エコノミーは世界を変えることができるのだ。

謝辞

これまで一緒に仕事をしてきたクライアント、サブスクリプション・マーケティングのサブスクライバー、自分のストーリーや考えを聞かせてくれた読者やリスナー。そのすべての方々にお礼を申し上げなければならない。1人ひとりお名前を挙げていると、この本と同じくらいのページが必要になりそうである。ここでお伝えするのは、私の感謝の気持ちのほんの一部であることをお断りしておきたい。

第2版の出版にあたってとくにお礼の言葉を伝えたいのは、サブスクリプション・マーケティングのサブスクライバーと初版の読者である。ストーリー、提案、意見を何度も寄せてもらい、おかげで本書はさらによいものとなった。

この版では多くの方々のストーリーや意見を紹介している。イリット・イジップス、リンカーン・マーフィーからはカスタマーサクセスについて多くのことを学ばせてもらった。サラ・E・ブラウンからは「お客様の声」に関する深い考えを聞くことができた。ロリス・

フォンテノット三世には人材紹介という仕事について時間をかけて説明してもらった。ライアン・エングレーからはアンバウンスのストーリーを折にふれて聞いた。ウィル・サリバンにはザ・ライト・マージンがスラックを利用して作ったコミュニティ、ライターハングアウトのストーリーを、ラナン・ラックマンにはプレイのさまざまなストーリーを聞かせてもらった。

ロジャー・C・パーカーには別の形でお世話になった。私の仕事について意見を述べ、おもしろいサブスクリプションの会社を見つけ、すばらしいアイデアを提供して、ここ数年私を支えてくれたのがロジャーである。

キャロリン・ホチキス、サラ・シコラにもお礼を言いたい。ホチキスにはバブソン大学のキャンペーンのことを教えてもらい、シコラからはそのキャンペーンの目的や成果について詳細な説明を聞くことができた。

サブスクリプション・マーケティングについての知識を広めるのに貢献している方々の名前も挙げておきたい。ダグラス・バーデット（マーケティング・ブック・ポッドキャスト）、ズオラのトム・クラケラー、レイチェル・イングリッシュ、サービスロケットのシーラ・エイベル、ビル・クシャード、マーケティング・アドバイザリー・ネットワークのサマンサ・ストーン。

本書は原稿段階で、サブスクリプション・トレード・アソシエーションのミシェル・ラングフォードをはじめ、多数の方の意見をいただいた。ストーリーや知識を提供してくれたジェニファー・ハーヴィス、アール・グリーン、ブライアン・モリンにはとくに感謝している。

何かを例示する際に必要な詳細な情報の収集においても、多くの方の力をお借りした。IDCの調査報告については、前回も今回もエイミー・コナリーのお世話になった。ズオラのサブスクリプション・エコノミーの調査、分析については、ゲイブ・ワイーザートのお世話になった。リターン・パスのコアラはダニエル・インキャンデラからお借りした。さらに、マーケティング・プロフ、コーン・コミュニケーションズ、CMOサーベイ、エデルマン・リサーチ、アドビ、トタンゴのお力も得、情報面でも充実した内容にすることができた。

サービスソースでは月額課金について教えてもらった。ランディ・ブラシュ、ジム・ダナムにはとくに厚くお礼申し上げる。彼らのおかげで本書の執筆を開始することができた。

本書の装丁についても、たくさんの方のご協力をいただいた。ホリー・ブラディのアドバイス、トマス・マギーの色鮮やかな表紙デザインに感謝している。また、編集段階では、ローリー・ギブソン、マーク・ラインズバーガーから鋭い助言をいただいた。

そのほかにも大勢の方から、励まし、サポート、意見を頂戴した。リサ・アボット、クリストファー・バーティック、カイザー・マラ・フェローズ、トレイシー・セスティリ、ジョン・モーガン、ジョン・ロブ、トム・ホーガン、キャロル・ブロードベント、ステファン・ホヴナニアン……もうきりがない。私は本当に幸せ者だ。

敬服する著作家のすばらしいひらめきも大いに参考にさせてもらった（引用もした）。デイヴィッド・ミーアマン・スコット、アン・ハンドリー、ジョー・ピュリッジ。彼らは船出する私の追い風となった。その後も、キャシー・クロッツ・ゲストやロビー・ケルマン・バクスター、リンダ・ポプキー、ジョナ・サックス、タイ・モンタギュー、サイモン・メインウェアリングから大きなヒントを得た。

身近なところでは、執筆から出版に至るまでの間、ずっと家族に支えられた——しかも2度。彼らは本がすばらしいものになるよう、サブスクリプションの成功例を見つけ、誤りを指摘し、アドバイスをくれた。彼らの愛情と支援に永遠に感謝したい。

資料と注

推薦図書

本書で論じられている戦略を実践したいが、何か参考になる本を読みたい。そんな方のために、何冊か紹介しておこう。

John Warrillow, *The Automatic Customer: Creating a Subscription Business in Any Industry* (Portfolio, 2015) ▼サブスクリプションというビジネスモデルを**9つ**に分け、その違いを説明。それぞれのモデルがどのような業界や会社に向いているかを述べている。

John Michael Morgan, *Brand Against the Machine: How to Build Your Brand, Cut Through the Marketing Noise, and Stand Out from the Competition* (Wiley, 2011) ▼現代のブランド戦略について述べた本。実用的なアドバイスが詰まっている。顧客を第一に考えて信頼を得るという点で、価値育成との共通点が見られる。

Maria Ross, *Branding Basics for Small Business: How to Create an Irresistible Brand on Any Budget* (NorLights Press, 2nd edition, 2014) ▼私はロスの講演を聞いて、この本を読んだ。タイ

トルには、小さな、とあるが、ブランド構築のための実際的なアプローチはどんな規模の会社にも適したものである。真のブランドの一貫性について、すばらしいアドバイスを得ることができる。

Joe Pulizzi, *Content Inc.: How Entrepreneurs Use Content to Build Massive Audiences and Create Radically Successful Businesses*（McGraw-Hill, 2015）▼コンテンツを作ってサブスクライバーを得、それから何を売るかを考えるべきだとピュリッジは論じる。こうしてできた会社は、コンテンツを通じて価値を高め、顧客と価値観を共有する——この2つは主要な価値育成法である——という土台の上に企業文化を築いていく。

Bernadette Jiwa, *Difference: The One-Page Method for Reimagining Your Business and Reinventing Your Marketing*（CreateSpace, 2014）▼すぐに読める本である。だが、顧客の生活をよりよいものにするよう求め、読む者を奮起させる。

ジョー・ピュリッジ『エピック・コンテンツマーケティング——顧客を呼び込む最強コンテンツの教科書』（郡司晶子ほか訳、日本経済新聞出版社、２０１４年）▼コンテンツマーケティングについて知らなければならないことがすべて収まっている。現代のコンテンツマーケターにとって頼りになる1冊である。

アン・ハンドリー『コンテンツ・マーケティング64の法則——売りにつながるオンライン記事の書き方』（ダイレクト出版、２０１５年）▼私はアン・ハンドリーの書き物が好きだ——本書を読めば、その理由がわかるだろう。マーケティングのための、楽しくて、親しみのもてる文章の書き方を学ぶことができる。書くのはお手のものという人にとっても得るところの多い本だろう。

Linda J. Popky, *Marketing Above the Noise: Achieve Strategic Advantage with Marketing That Matters* (100 Cases)（Routledge, 2015）▼効果的なマーケティングについて総合的に述べている。最新のトレンドも採り入れはするが、長期的視点に立つことが重要である。ポプキーは顧客に対するマーケティングについても触れている。「マーケティングは、顧客に自分の選択が正しかったと思わせるようなものでなければならない」

ロビー・ケルマン・バクスター『シリコンバレー発　会員制ビジネス起業術』（ダイレクト出版、２０１５年）▼バクスターはコンサルタントという視点に立って、会員制ビジネス構築の課題や機会について論じている。初めに専門用語と現在の状況を説明し、次に、オンボーディング、価格設定、テクノロジーなど、７つの主要な戦術、戦略を紹介する。

David Meerman Scott, *The New Rules of Sales and Service: How to Use Agile Selling, Real-Time Customer Engagement, Big Data, Content, and Storytelling to Grow Your Business*（Wiley, 2014）▼デビッド・マーマン・スコットは以前『マーケティングとＰＲの実践ネット戦略』（神原弥奈子監修、平田大治訳、日経ＢＰ社、２００９年）でマーケティングの再定義をしたが、本書では、顧客エンゲージメントに関する課題について述べている。マーケティング、セールス、サービスの境界線が薄れつつある今、サブスクリプションベースの企業で働くマーケターにとってこれは重要な話題である。

Kathy Klotz-Guest, *Stop Boring Me!: How to Create Kick-Ass Marketing Content, Products and Ideas Through the Power of Improv* (Substantium, 2016) ▼即興コメディの基本原則を応用して、すぐれた効果的なマーケティングコンテンツを作成する方法がわかる。ご推察の通り、読んでいると楽しくなる。愉快なストーリーや的確な例がいっぱいだ。

ダニエル・カーネマン『ファスト&スロー――あなたの意思はどのように決まるか?(上・下)』(村井章子訳、早川書房、２０１２年)▼カーネマンはノーベル経済学賞を受賞したが、マーケターは、彼が人の非合理的(そして怠惰)な思考システムについて説明してくれたことに感謝すべきである。本書を読めば、人の判断や思考がいかに気まぐれなものかがわかる。

ダニエル・ピンク『人を動かす、新たな3原則――売らないセールスで、誰もが成功する!』(神田昌典訳、講談社、２０１３年)▼ピンクは、セールスよりむしろ、人の本質や共感、説得について述べている。洞察に満ちた、楽しい本である。

タイ・モンタギュー『スーパーストーリーが人を動かす――共感を呼ぶビジョン&アクション』(片山奈緒美訳、日経ＢＰ社、２０１４年)▼企業に求められているのはストーリーテリングではなく、ストーリー**ドゥーイング**である。スーパーストーリーという企業の真のストーリーがマーケティングを超越し、多数の行動を生みだすとモンタギューは説く。

ジョナ・サックス『ストーリー・ウォーズ――マーケティング界の新たなる希望』（平林祥訳、英治出版、2013年）▼サックスは、マーケティングを次のレベルに引き上げるため、ジョーゼフ・キャンベルの英雄の旅、神話、マズローの欲求階層説に基づいた手法を提唱する。「未充足マーケティング」に見切りをつけ、エンパワーメント・マーケティングへの移行を求める、刺激的な1冊である。

Jay Baer, *Youtility: Why Smart Marketing Is about Help Not Hype* (Portfolio, 2013) ▼タイトル通りの内容で、顧客やオーディエンスの役に立つマーケティングを行うというベールの考え方もこのタイトルによく表れている。サブスクリプション・マーケティングの場合も、既存顧客のための価値育成にこの考え方が働いている。顧客の助けとなることをいちばんに考えてマーケティングを展開すると、マーケターは商品以外のところでも価値を高めることができる。

注

本書では企業等が行った調査の結果をいくつか示した。その調査報告をどこで入手できるか伝えておこう。

はじめに　サブスクリプション・エコノミー・インデックスに関するレポートはズオラのウェブサイト www.zuora.com/resource/subscription-economy-index/ で入手できる。

第1章　循環型経済についてもっと知りたい方は、エレン・マッカーサー財団のサイトへ。

第3章　サブスクリプションサービスの損益分岐点に関するスカウトアナリティクス／サービスソースの調査については、サービスソースのサイトの「リソース」http://jp.servicesource.com/resources に掲載されている「生涯顧客の創出」を参照。

第8章　B・J・フォグの習慣形成に関する研究については、フォグのウェブサイト bjfogg.com、パースウェイシブ・テクノロジー研究所のウェブサイト captology.stanford.edu へ。あるいは B. J. Fogg, *Persuasive Technology: Using Computers to Change What We Think and Do* (Morgan Kaufmann, 2002) を読むのもよいだろう。

第11章　スレットメトリクス・サイバー犯罪脅威マップは、スレットメトリクスのサイト www.threatmetrix.com の Insights へ。

第13章　ポッドキャストのリスナー数に関するデータは、エジソン・リサーチ www.edisonresearch.com の The Infinite Dial 2016 へ。エジソン・リサーチとインタラクティブ・アドバタイジング・ビューローの調査結果もこのサイトにある。

第18章　ベン・ホロウィッツのストーリーと戦略に関するコメントは、Carmine Gallo, "Your Story Is Your Strategy, Says VC Who Backed Facebook and Twitter" Forbes.com (April 29, 2014) から引用した。

第19章　コーン・コミュニケーションズ／エビクイティのグローバルCSRスタディは、www.conecomm.com/research-blog/ からダウンロードできる。

第21章　Net Promoter、Net Promoter Score、NPS はサトメトリックス・システムズ、ベイン・アンド・カンパニー、フレッド・ライクヘルドの登録商標である。

第24章　Ellen Huet, "What Really Killed Homejoy?" *Forbes* (July 23, 2015)

著者

アン・H・ジャンザー　Anne H. Janzer

著述家、マーケター、ライティングコーチ。
プロフェッショナル・ライターとして、100を超えるテクノロジー企業と仕事をしてきた。テクニカルな話題について論じるマーケターなどのためにワークショップを開いている。執筆の生産性を高める技術について書き自費出版した著書『*The Writer's Process: Getting Your Brain in Gear*』はインディ・リーダーにより2016年に自費出版された最高の書籍の1冊に選ばれた。さまざまな業界誌やブログに寄稿。ライティングやマーケティングについて、自身のウェブサイトAnneJanzer.comでも定期的に発信している。カリフォルニア州マウンテンビュー在住。自動運転車が走りコーディングに熱心な人々が集まる土地だが、何よりも好きなのは良書である。

訳者

小巻靖子　Yasuko Komaki

大阪外国語大学（現 大阪大学外国語学部）英語学科卒業。都市銀行調査部勤務の後、米コネティカット州での生活を経て、翻訳者に。訳書に『歴史の大局を見渡す』（パンローリング）、『カモメ課長！』『億万長者になる人とそこそこで終わる人の10の分かれ目』（講談社）、『ブルーノート・レコード 妥協なき表現の軌跡』（共訳、ヤマハミュージックメディア）などがある。

英治出版からのお知らせ

本書に関するご意見・ご感想を E-mail（editor@eijipress.co.jp）で受け付けています。
また、英治出版ではメールマガジン、ブログ、ツイッターなどで新刊情報やイベント情報を配信しております。ぜひ一度、アクセスしてみてください。

メールマガジン ：会員登録はホームページにて
ブログ ：www.eijipress.co.jp/blog
ツイッター ID ：@eijipress
フェイスブック ：www.facebook.com/eijipress
Web メディア ：eijionline.com

サブスクリプション・マーケティング

モノが売れない時代の顧客との関わり方

発行日 2017 年 11 月 20 日 第 1 版 第 1 刷
2019 年 3 月 15 日 第 1 版 第 4 刷
著者 アン・H・ジャンザー
訳者 小巻靖子（こまき・やすこ）
発行人 原田英治
発行 英治出版株式会社
〒150-0022 東京都渋谷区恵比寿南 1-9-12 ピトレスクビル 4F
電話 03-5773-0193 FAX 03-5773-0194
http://www.eijipress.co.jp/
プロデューサー 高野達成
スタッフ 藤竹賢一郎 山下智也 鈴木美穂 下田理 田中三枝
安村侑希子 平野貴裕 上村悠也 桑江リリー
山本有子 渡邉吏佐子 中西さおり 関紀子 片山実咲
翻訳協力 株式会社トランネット www.trannet.co.jp
校正 小林伸子
印刷・製本 大日本印刷株式会社
装丁 英治出版デザイン室

ISBN978-4-86276-255-9 C0034 Printed in Japan